Gabriele Wimmler

Zeig der Welt, wer du wirklich bist

GABRIELE WIMMLER

ZEIG DER WELT WER DU WIRKLICH BIST

Steh zu deiner Persönlichkeit und stärke deinen Selbstwert

Umschlagrechte Foto: Adobe Stock/ bioraven, Strahelenkranz: Adobe Stock/ surakartwork
Umschlaggestaltung: Kathrin Steigerwald, Hamburg
Rechte Autorenfoto: Sylvia Spitzbart

Aus Gründen der besseren Lesbarkeit wird auf die gleichzeitige Verwendung der Sprachformen männlich, weiblich und divers (m/w/d) verzichtet. Sämtliche Personenbezeichnungen gelten gleichermaßen für alle Geschlechter.

Der Verlag und seine Autoren sind für Reaktionen, Hinweise oder Meinungen dankbar. Bitte wenden Sie sich diesbezüglich an verlag@goldegg-verlag.com.

Der Goldegg Verlag achtet bei seinen Büchern und Magazinen auf nachhaltiges Produzieren. Goldegg Bücher sind umweltfreundlich produziert und orientieren sich in Materialien, Herstellungsorten, Arbeitsbedingungen und Produktionsformen an den Bedürfnissen von Gesellschaft und Umwelt.

ISBN: 978-3-99060-299-7

Unter den Linden 21 • D-10117 Berlin
Telefon: +49 800 505 43 76-0

Goldegg Verlag GmbH, Österreich
Mommsengasse 4/2 • A-1040 Wien
Telefon: +43 1 505 43 76-0

E-Mail: office@goldegg-verlag.com
www.goldegg-verlag.com

Layout, Satz und Herstellung: Goldegg Verlag GmbH, Wien
Printed in the EU

DIESES BUCH WIDME ICH MEINEN LIEBSTEN IM HIMMEL –
IHR SEID IN MEINEM HERZEN!

»Das größte Wunder bist du selbst«

Inhaltsverzeichnis

Kapitel 4

Kapitel 5

Kapitel 6

Kapitel 7

Vorwort

Bin ich gut genug? Schaffe ich das? Gehöre ich dazu? Kann ich mit dem Tempo der schnelllebigen Zeit noch mithalten? Vielleicht kommen auch dir derartige Fragen bekannt vor. Wir alle wollen anerkannt und wertgeschätzt werden und strengen uns an, um diese Wertschätzung von außen zu erhalten. In meiner jahrelangen Tätigkeit als Mentaltrainerin, Rednerin sowie als Coach stelle ich immer wieder fest, dass mangelndes Selbstwertgefühl und der fehlende Glaube an die eigenen Stärken und die Einzigartigkeit Menschen daran hindern, ihr volles Potenzial zu leben. Einschränkende Glaubenssätze, Zweifel und Ängste stellen oft unüberwindbare Barrieren auf dem Weg der persönlichen Entwicklung und Entfaltung dar. Doch was ist der Schlüssel, um mit alten Mustern zu brechen und unsere wahre Authentizität leben zu können?

Die Lösung liegt nicht im Außen. Sie liegt in uns selbst. Nur wenn wir in unsere Einzigartigkeit vertrauen und uns selbst Wertschätzung entgegenbringen, begegnet sie uns auch. Ich persönlich bin überzeugt, dass ein gesunder Selbstwert und innere Stabilität die Basis für erfüllte private Beziehungen, aber eben auch für jeden beruflichen Erfolg bilden. Bei allem Respekt vor Fachwissen bedingt nachhaltige Persönlichkeitsentwicklung vor allem Werte wie Selbstvertrauen, Begeisterungsfähigkeit, Eigenverantwortung, Empathie, Sinnzentriertheit und Dankbarkeit. Diese gelebten menschlichen Tugenden werden als Gegenpol zur rasant fortschreitenden Digitalisierung immer mehr an Bedeutung gewinnen. Egal ob im Privat- oder Berufsleben: Es geht nicht darum zu wissen, was man zu erfüllen hat, sondern darum zu erkennen, was einen erfüllt. Es ist an der Zeit, Schein durch Sein zu ersetzen und von innen heraus zu glänzen. Wir selbst haben die Wahl und können die passive Opferrolle wählen oder uns dazu entscheiden, aktiv zu werden und Stabilität, Zufriedenheit und letztlich Glück in unser Leben zu ziehen. Glück ist kein Zufallsprodukt – Glück ist eine Entscheidung. In diesem Buch möchte ich dir Übungen und Methoden mitgeben, die dir dabei helfen, deinen Selbstwert zu steigern und Eigenverantwortung für dein Leben zu übernehmen. Vor allem aber möchte ich dich auf eine ganz persönliche Reise mitnehmen. Eine Reise zu dir selbst. Dabei geht es um Loslassen, Mut zur Veränderung und um die alles entscheidenden Fragen: Wer bin ich wirklich und was zeichnet mich aus? Wie werde ich langfristig erfolgreich und glücklich?

Bedingt durch den frühen Verlust meiner Eltern war ich sehr bald im Leben auf mich selbst gestellt. Das Leben hat mich oft an die Grenzen meiner Belastbarkeit gebracht, denn ich musste zudem den schmerzhaften Tod meiner geliebten Geschwister überwinden. Eines habe ich aber trotz zahlreicher Prüfungen und Schicksalsschläge nie verloren: meine Willenskraft, mein Vertrauen und den Glauben an mich und das Gute im Leben. Ich möchte dir mit meinem Buch Mut machen, an deinen Herausforderungen zu wachsen und an deine Einzigartigkeit und wahre Größe zu glauben. Ich möchte dich bestärken, deinen eigenen Weg zu gehen, groß zu denken und dir selbst keine Grenzen zu setzen. Ich empfehle dir, dieses Buch achtsam zu lesen, die Übungen durchzuführen und dir auch genügend Zeit zu geben, diese zu reflektieren. Ich zeige dir Methoden und Lösungen, die dir dabei helfen, deine Zweifel über Bord zu werfen und voller Vertrauen in dich selbst zu leben. Lass nicht zu, dass Probleme und Herausforderungen dich daran hindern, deinen Schritt in die richtige Richtung zu machen. Ich unterstütze dich sehr gern dabei, deine persönliche Reise anzutreten, um der Welt zu zeigen, wer du wirklich bist!

Herzlichst,
Gabriele Wimmler

Kapitel 1

Selbstwertgefühl, der Kompass für unser gesamtes Leben

Das Wichtigste in deinem Leben kannst du dir nur selbst geben – deinen Selbstwert!

Selbst. Wert. Gefühl. Schlüsselt man das Wort »Selbstwertgefühl« in seine drei Wortbestandteile auf, so ergibt sich daraus die wichtigste Botschaft unseres Lebens: Gib dir selbst einen Wert und ein gutes Gefühl. Die drei bedeutenden Wörter stehen für deine innere Überzeugung, für dein Gefühl zu dir selbst und sie sind der Kompass für dein gesamtes Leben. In meiner Tätigkeit als Trainerin und Coach begegnen mir regelmäßig die vielen Facetten eines schlechten Selbstwerts. Dabei ist den meisten Menschen gar nicht bewusst, dass sie darunter leiden – ein geringer Selbstwert ist schließlich nicht fühlbar. Die Folgen hingegen schon: Angst, Scham, Unsicherheit, Überheblichkeit, Druck, Ohnmacht, Neid, Eifersucht, Konkurrenzdenken und Minderwertigkeit.

Das Niveau unseres Selbstwertgefühles ist der Kompass für unser gesamtes Leben und hat weitreichende Konsequenzen für unser berufliches und privates Leben. Von allen Urteilen, zu denen wir im Leben kommen, ist keines so wichtig wie das, das wir über uns selbst fällen. Es hat Einfluss darauf, ob wir im Job erfolgreich sind, wie wir mit Menschen umgehen, wie viel wir erreichen und was wir uns zutrauen. Und auf der persönlichen Ebene darauf, in wen wir uns verlieben, wie wir mit dem Partner oder mit der Partnerin umgehen, mit unseren Kindern und unseren Freunden oder Freundinnen und wie glücklich wir werden. Das Selbstwertgefühl funktioniert dabei wie ein innerer Schutzschild. Es ist untrennbar verbunden mit dem Glauben an die eigenen Möglichkeiten. Apropos zutrauen: Ich sitze hier vor einem Stapel Literatur und Recherchen und denke mir: Schaffe ich das? Geht sich das alles neben meinen vielen täglichen Aufgaben und meinem gut gefüllten Terminkalender überhaupt aus? Diese Zweifel blockieren mein Denken, denn ein anderer Teil in mir weiß genau, dass ich es schaffen kann, dass ich schon einmal ein erfolgreiches Buch geschrieben habe und dass ich etwas zu sagen habe. Mein innerer Kritiker und mein Mutmacher diskutieren, während ich mir eine weitere Tasse Kaffee gönne. Meine Gedanken schweifen ab, draußen scheint die Sonne und ich stelle mir die Frage, ob ich nicht doch lieber eine Runde laufen gehen sollte. Nein, ich bleibe konsequent, denn wenn ich mir etwas vorgenommen habe, dann ziehe ich es durch.

Wie du siehst, kommen bei mir auch noch manchmal Zweifel auf, obwohl ich gefühlt den Großteil meines Lebens damit verbracht habe, mir einen starken Selbstwert aufzubauen, denn auch ich kam nicht mit diesem gesegnet auf die Welt. Aber dazu später mehr. Die gute Nachricht: Ich habe mich von meinen Mangelgefühlen befreit und möchte dir mit meinem Buch Mut dazu machen, dass das jeder/jede schaffen kann. Wenn ich das kann, kannst du das auch.

Lass uns also zuallererst eine Basis schaffen, indem wir schauen, wo du mit deinem Selbstwert momentan stehst. Ich habe dafür einen kleinen Test entwickelt. Nimm dir also etwas Zeit, lies dir die Beschreibungen in Ruhe durch und überlege, ob sie auf dich zutreffen oder nicht. Notiere dir am besten ein Ja oder ein Nein für jeden Punkt.

Schnelltest: An welchem Verhalten erkennst du schlechtes Selbstwertgefühl?

1. **Ich spreche häufig schlecht über andere Menschen**
   Grundsätzlich begegne ich Fremden kritisch und misstrauisch. Ich bin eher skeptisch und nehme deren Schwächen stärker wahr als deren Stärken. Ich »tuschle« auch mit Kollegen und Freunden über die Schwächen und Fehler anderer Menschen.

2. **Ich stelle meine eigenen Bedürfnisse immer hinten an**
   Ich habe ein ausgeprägtes Harmoniebedürfnis und will es immer allen recht machen. Es ist eine große Herausforderung für mich, Konflikte auszuhalten und für mich einzustehen, deshalb passe ich mich lieber an, um die Harmonie zu wahren. Wenn ich meine Meinung äußere, habe ich Angst vor Ablehnung.

3. **Man kann mir sehr schnell ein schlechtes Gewissen einreden**
   Ich fühle mich ständig für alles schuldig und verantwortlich. Ein »Nein« meines Gegenübers oder Kunden werte ich als persönliche Niederlage. Ich hinterfrage ständig, was ich falsch gemacht habe.

4. **Ich kann mich schlecht durchsetzen**
   In Meetings habe ich das Gefühl, nicht gehört und nicht ernst genommen zu werden. Wenn ich meine Meinung nicht durchsetzen kann, reagiere ich wütend und trotzig. In Verhandlungen fällt es mir oft schwer, meinen Standpunkt zu vertreten.

5. **Man kann es mir nur sehr schwer recht machen**
   Da ich einen hohen Anspruch an mich selbst habe, erwarte ich das auch von meinem Umfeld. Akzeptanz und Toleranz hinsichtlich der Fehler und Schwächen eines Menschen fallen mir schwer.

6. **Ich habe Schwierigkeiten, mir selbst etwas zu gönnen**
   Es fällt mir schwer, mir Gutes zu tun oder mich zu belohnen, da ich das Gefühl habe, es gar nicht verdient zu haben. Ich stelle die Bedürfnisse anderer Menschen vor meine eigenen und will es allen recht machen.

7. **Ich habe immer das Gefühl, nicht gut genug zu sein**
   Obwohl ich meine Stärken kenne und ständig an meiner persönlichen Weiterentwicklung arbeite, habe ich das Gefühl, dass andere besser sind als ich. Ständig vergleiche ich meine Leistung mit der anderer Menschen.

8. **Ich verkaufe mich unter meinem Wert**
   Es fällt mir schwer, meine wahre Größe zu zeigen und an mich und meine Talente zu glauben sowie ein entsprechendes Honorar beziehungsweise Gehalt für meine Leistung zu fordern.

9. **Ich habe das Gefühl, vom Leben benachteiligt zu werden**
   Ich fühle mich häufig ungerecht behandelt und habe den Eindruck, andere Menschen haben einfach viel bessere Chancen als ich.

10. **Ich muss ständig im Mittelpunkt stehen**
    Ständige Aufmerksamkeit ist mein Lebenselixier. In meinem Berufs- und Privatleben suche ich stets die Anerkennung im Außen und fühle mich nur wertvoll, wenn ich sie bekomme.

11. **Ich beneide andere Menschen um ihren Erfolg**
    Es fällt mir schwer, mich aufrichtig mit anderen Menschen über ihre Leistungen und Erfolge zu freuen, und wenn ich ehrlich zu mir selbst bin, empfinde ich sogar Neid und/oder Missgunst. Ich bin in ständigem Wettbewerb mit meinem Umfeld.

12. **Ich werte andere Meinungen häufig als persönlichen Angriff**
    Die eigene Meinung zu ändern, fällt mir sehr schwer und wird als Gesichtsverlust empfunden. Auch wenn ich merke, dass ich nicht im Recht bin, fällt es mir schwer, das einzugestehen. Andere Meinungen oder sogar Kritik werte ich als persönlichen Angriff auf meine Person.

13. **Ich werte die Leistung anderer Menschen ab**
    Ich fühle mich häufig überlegen und habe das Gefühl, andere haben keine Ahnung. Meine Ideen sind die besten. Werden diese nicht akzeptiert, reagiere ich trotzig.

Je mehr Fragen du mit »Ja« beantwortet hast, desto schlechter ist dein Selbstwertgefühl. Wenn du mehr als sieben Fragen mit »Ja« beantwortest hast, kannst du von einem schlechten Selbstwertgefühl ausgehen. Dann bist du hier als Leser genau richtig und die nachfolgenden Tipps aus diesem Buch helfen dir, dein Selbstwertgefühl zu stärken. Falls die Fragen 10 bis 13 ebenso auf dich zutreffen, dann kannst du von einem »versteckten« schlechten Selbstwertgefühl ausgehen. Mehr dazu im Kapitel »Die vielen Gesichter eines schlechten Selbstwertes«.

Warum zweifeln wir immer an uns selbst?

Ein schlechtes Selbstwertgefühl ist im Großen und Ganzen auf zwei Ursachen zurückzuführen. Zum einen auf die genetische Veranlagung, zum anderen auf die Erfahrungen in der Kindheit. Selbstverständlich haben auch die Erfahrungen, die wir als Erwachsene machen, Einfluss auf unser Selbstbewusstsein. Der Grundstein dafür wird jedoch durch die Erziehung unserer Eltern gelegt.

Grundsätzlich ist festzuhalten, dass der Mensch bei seiner Geburt nicht automatisch mit Selbstbewusstsein auf die Welt kommt. Fakt ist jedoch, dass jeder mit dem Potenzial geboren wird, ein gesundes Level an Selbstbewusstsein zu entwickeln. Erfahrungen spielen wie erwähnt zwar eine Rolle, je nach Typ verarbeiten wir jedoch positive wie auch negative Erfahrungen unterschiedlich. In unseren Erbanlagen sind bereits bestimmte Charakterzüge festgelegt, die sich auf den Selbstwert auswirken. So ist es größtenteils angeboren, ob wir eher eine extrovertierte oder eine introvertierte Person sind. Typische Eigenschaften für eine extrovertierte Persönlichkeit sind zum Beispiel: offen, gesellig, redselig, risikofreudig und mutig. Introvertierte Eigenschaften hingegen sind: still, nachdenklich, zurückgezogen und reflektierend. Grundsätzlich gelten extrovertierte Menschen als optimistischer und fröhlicher als introvertierte. Das führt auch dazu, dass sie sich schneller Unterstützung bei Problemen suchen und es ihnen leichter fällt, darüber zu sprechen und offen auf Menschen zuzugehen, was sich positiv auf das Selbstwertgefühl auswirkt. Diese Eigenschaft ist zu 90 Prozent genetisch festgelegt und zeigt sich schon in der Kindheit. Das offene Kind hat keine Scheu, Menschen anzusprechen und auf sie zuzugehen. Es gewinnt schnell Freunde und das Umfeld für sich. Das introvertierte Kind hingegen tut sich wesentlich schwerer, zieht sich eher ins stille Kämmerlein zurück und macht alles mit sich selbst aus. Für andere Menschen ist es nicht ganz so greifbar und die Herzen fliegen dem introvertierten Kind nicht so schnell zu wie dem offenen Kind. Obwohl es auf den ersten Blick vielleicht so aussehen könnte, als hätte das extrovertierte Kind eine bessere Ausgangsposition, so macht es in Sachen Selbstwertgefühl keinen Unterschied, ob es extrovertiert oder introvertiert ist. Ein Vorteil von introvertierten Menschen besteht zum Beispiel darin, gut allein sein zu können und Durchhaltevermögen zu besitzen. Es gibt kein Besser oder Schlechter – wichtig ist nur, dass du dich so annimmst, wie du bist.

Prägungen aus der Kindheit

Der Grundstein für unser Lebensgefühl und für unseren Selbstwert wird mitunter durch die Erziehung unserer Eltern gelegt. Vor allem die frühe Kindheit (null bis sechs Jahre) ist entscheidend, da alle Aussagen aus dem nahen Umfeld (Eltern, Kindergartenpädagogen und Lehrer) kritiklos angenommen und gespeichert werden. Auch unsere Gehirnstrukturen werden in dieser Phase ausgebildet. Neurologische Studien weisen nach, dass wir in unserem Gehirn ein Belohnungs- und Bestrafungssystem haben, das jeweils über verschiedene neuronale Botenstoffe aktiviert wird. Wenn Eltern ihr Kind mit viel Druck und Strafe erziehen, hinterlässt dies tiefe Spuren im Gehirnsystem. Das hat zur Folge, dass diese Menschen als Erwachsene viel sensibler auf Reize aus dem Umfeld reagieren und diese als Bestrafung oder Ablehnung ihrer Person interpretieren. In meinen Coachings und Firmentrainings erlebe ich häufig, dass Menschen mit derartigen Kindheitserfahrungen sehr schlecht mit konstruktiver Kritik umgehen können. Wenn sie beispielsweise auf einen Fehler hingewiesen werden, stellen sie ihren Wert gleich in Frage.

Auch das Urvertrauen wird früh verankert und ist sehr bestimmend für unser Lebensgefühl. Wenn ein Baby zur Welt kommt, ist es mit seinen Bedürfnissen vollkommen abhängig von der Mutter als wichtigster Bezugsperson. Hier stellt sich schon die erste Frage: Ist das Baby ein Wunschkind und willkommen? Freuen sich die Eltern auf das Kind? Der bekannte Zellbiologe Dr. Bruce Lipton schreibt in seinem Buch »Intelligente Zellen«[1], dass der emotionale Zustand der Mutter während der Schwangerschaft das Baby mehr prägt als der genetische Code. Jede positive oder negative Emotion der Mutter überträgt sich durch das Fruchtwasser 1:1 auf den Säugling. Ich erinnere mich hier noch genau an ein Video, welches ich im Zuge meiner Ausbildung zur Diplomierten Mentaltrainerin gesehen habe. Es zeigt Eltern, die sich während der Schwangerschaft streiten, und man sieht, wie sich der Fötus bei jedem emotionalen Wortwechsel zusammenzieht und verkrampft.

Auch mein persönlicher Start ins Leben war nicht optimal. Meine Eltern führten eine unglückliche Ehe und waren nicht sehr happy, als sie von der Schwangerschaft erfuhren. Vielmehr bin ich »passiert« – wie man zu sagen pflegt. Zu einem späteren Zeitpunkt, als meine Eltern schon nicht mehr lebten, erfuhr ich von meinen älteren Geschwistern, dass sogar ein Schwangerschaftsabbruch im Raum gestanden war. Die gute Nachricht jedoch lautet: Meine Eltern haben mir das Leben geschenkt und letztendlich zählt nur das. Dafür gilt es dankbar zu sein. Zugegebenermaßen konnte ich das nicht immer so sehen. Ich habe früher das, was das Leben mir verwehrt, viel stärker wahrgenommen als das, was das Leben mir schenkt. Ich habe mich selbst eine lange Zeit als Opfer meiner Lebensumstände gesehen. Heute weiß ich, dass genau dieser selbst durchlaufene Entwicklungs- und Heilungsprozess Teil meiner Lebensaufgabe ist. Ich lernte durch meine persönliche Transformation, meine Eltern mit ganz anderen Augen zu sehen, sie nicht mehr zu bewerten und zu verurteilen. Ich lernte, was es bedeutet, mit ihnen versöhnt zu sein, und wie sich diese innere Haltung heilsam auf mein gesamtes Leben auswirkte. Ich gebe hier bewusst viel Persönliches von mir preis, denn ich möchte mit dir, liebe Leserin und lieber Leser, nicht nur erlerntes, sondern vor allem mein erlebtes Wissen teilen. Letztendlich sind doch immer das Leben und unser Alltag die größte Schule, die wir zu meistern haben.

Die Schwangerschaft und die ersten Lebensjahre sind also weichenstellend für die Entwicklung eines Menschen. Wir übernehmen viele Muster und Glaubenssätze von unserem Umfeld. Werden wir in dieser Phase in unserem eigenen Tun bestärkt, so entwickelt sich ein gesundes Selbstwertgefühl. Das Gegenteil jedoch geschieht, wenn einem Kind nichts zugetraut wird oder es ständig zurechtgewiesen wird. Meist zeigen die Programmierungen aus der Kindheit erst im Erwachsenenalter ihre Wirkung. In den ersten Lebensjahren haben viele von uns Zurückweisungen, Enttäuschungen und Verurteilung durch das eigene Umfeld erlebt – meist von Menschen, die selbst nicht glücklich waren oder es nicht besser wussten. Sie dachten, sie müssten uns zu einem angepassten Menschen erziehen, der die Erwartungen der anderen erfüllt. In dieser Zeit haben viele ein völlig verzerrtes Selbstbild erschaffen, an das sie auch im Erwachsenenalter hartnäckig glauben. Keiner konnte seinem Vater oder seiner Mutter sagen: »Egal, was du über mich denkst oder mir sagst, ich bin, wie ich bin.« So übernahmen wir dieses negative Selbstbild und haben zugleich den Glauben an unsere Liebenswürdigkeit, an unsere Einzigartigkeit und unseren Selbstwert verloren. Die meisten wurden auf diese Weise sich selbst gegenüber zum größten Kritiker. Ich vergleiche das bildlich gesprochen auch gern mit einem Laptop. Wenn wir einen kaufen, hat er noch keine Programme, er ist sozusagen neutral. Wir programmieren ihn je nach Wunsch und Anforderung. Der Vorteil eines Laptops besteht darin, dass wir ihn mit einem Virenschutzprogramm ausstatten können. Ein Kind hingegen ist ein Lebewesen mit Emotionen, die »Bespeicherung« übernehmen in diesem Fall die wichtigsten Bezugspersonen. Nur mit dem Nachteil, dass ein Kind über kein »inneres Virenschutzprogramm« verfügt und *alles* speichert.

Es ist mir an dieser Stelle wichtig festzuhalten, dass wir unsere Eltern für ihr Verhalten und ihre Erziehung nicht verurteilen oder ihnen gar die Schuld für etwas geben sollten. Denn so etwas wie »Schuld« gibt es nicht. *Niemand trägt Schuld*. Um viele Schwierigkeiten in unserem Leben zu verstehen, macht es jedoch Sinn, die innere Beziehung zu Vater und Mutter in der Kindheit genauer zu beleuchten. Es geht keinesfalls um eine Anklage der Eltern, sondern um das Verstehen der Zusammenhänge. Viele Mütter und Väter tragen nämlich selbst noch dieses verletzte Kind in sich und konnten uns nicht mehr Liebe geben, als sie selbst wiederum von ihren Eltern erhalten haben. Viele Menschen behaupten, sie seien mit ihren Eltern im Frieden, was natürlich sehr erfreulich ist. Doch das bedeutet nicht, dass das, was in der frühen Kindheit an Verstrickung entstand, gelöst ist. Diese Verstrickung befindet sich auf einer ganz anderen Ebene, tief in unserem Unterbewusstsein. Und solange wir uns diese Beziehung zu Vater und Mutter der Kindheit nicht bewusst gemacht haben und mit ihnen ins Reine gekommen sind, spiegelt uns das Leben in unseren Beziehungen (Partnerschaft, Freundeskreis, Familie, Kollegen, Vorgesetzte) diese verletzten Anteile des wütenden und traurigen Kindes.

Der innere Frieden und die Wertschätzung unserer Eltern ist keine nette spirituelle Geste, sondern die Basis und Voraussetzung für ein glückliches und erfülltes Leben.

Unsere Eltern gaben ihr Bestes – und dafür gilt es dankbar zu sein. Wer das nicht so sehen kann, der trägt ein großes *Nein* zu sich selbst und zum Leben in sich. Wem dieser Schritt jedoch gelingt, egal wie lieblos und schmerzhaft die Kindheit war, der hat sich aus den Fesseln der Vergangenheit befreit.

Bist du bereit, dich für eine neue Lebensqualität zu entscheiden? Willst du das überhaupt? Bist du bereit, die volle Verantwortung für deine Lebensumstände zu übernehmen? Dann triff *jetzt* eine bewusste, machtvolle Entscheidung. Denn alles im Leben beruht auf Entscheidungen, die wir treffen.

Grundvoraussetzung für eine neue Lebensqualität ist, dass wir uns zuerst die Beziehung zu Vater und Mutter bewusst machen. Die folgende Übung hilft dir dabei.

ÜBUNG

Stelle dir bitte folgende Frage:
Kannst du dich erinnern, dass deine Mutter und dein Vater in deiner Kindheit glücklich waren? Was haben sie dir vorgelebt? Haben sie sich selbst geliebt und wertgeschätzt? Sind sie liebevoll miteinander umgegangen? Notiere deine Erinnerungen und Erkenntnisse aus der Kindheit:

___

___

___

___

___

___

___

___

___

___

Notiere hier, welche Eigenschaften du mit deinem Vater in Verbindung bringst.

Vater

gut	weniger gut

Notiere hier, welche Eigenschaften du mit deiner Mutter in Verbindung bringst.

Mutter	
gut	weniger gut

Diese Übung gibt Aufschluss darüber, welche Eigenschaften du an deinen Eltern noch immer ablehnst beziehungsweise welche du noch nicht bedingungslos angenommen hast. In meinen Coachings höre ich oft den Satz: »Ich möchte bloß nicht so werden wie meine Mutter oder mein Vater.« In Wahrheit kann man beobachten, dass viele Betroffene, die lautstark die Eigenschaften ihrer Eltern ablehnen, jenen besonders ähnlich sind. Sie entkommen der Dynamik nicht. Dazu ein Beispiel: Angenommen du liebst deine Mutter, verurteilst sie aber als schwache, leidende Frau. Dann solltest du deine Einstellung zu Schwäche und Stärke überprüfen. Wenn wir auf unsere Eltern blicken, sollen wir mit dem Herzen verstehen und annehmen: Sie haben ihr Bestes gegeben und sie sind frei von Schuld. Oft ist unser Blick kurzsichtig und oberflächlich. Wir hadern mit unserer Familie und unseren Ahnen und schauen auf die Schwächen, den Mangel, auf das, was sie uns nicht gegeben haben beziehungsweise geben konnten, und auf das, was uns dadurch versagt war, und erhalten das Drama damit immer weiter aufrecht.

Die Rolle der Mutter

Der bekannte deutsche Diplompsychologe Robert Betz bezeichnet die Mutter als »mit Abstand größte Tür zur Freiheit«[2], denn mit keinem Menschen ist so viel Verstrickung möglich wie mit ihr. Wir verbringen neun Monate in ihrem Bauch und kennen ihre Befindlichkeiten, Gefühle, Sorgen, Ängste und Wünsche. Die Mutter ist meist die Hauptbezugsperson und bis zur Pubertät verbringen wir die meiste Zeit mit ihr. Deshalb ist die Beziehung zu ihr besonders prägend. Natürlich ist auch der Vater als Bezugsperson entscheidend – auf seine Rolle gehe ich später noch ein. Wir sind also physisch und emotional von unserer Mutter abhängig. Ich behaupte, nahezu keine Mutter schafft es, ihr Kind rund um die Uhr bedingungslos zu lieben. Viele sind bereits nach der Geburt überfordert und häufig wird das Kind als Belastung empfunden, auf die man nicht vorbereitet wurde. Die Zuneigung dem Kind gegenüber ist also hohen Schwankungen ausgesetzt, insbesondere wenn in der Mutter selbst noch das verletzte Mädchen steckt, welches von seinen Eltern nicht genug Liebe und Aufmerksamkeit bekommen hat. Ein verletztes Mädchen erzieht also ein von ihr abhängiges Kind. Du kannst dir sicher vorstellen, was das Ergebnis ist. Natürlich wieder ein verletztes Kind – und so werden die Verletzungen oftmals über Generationen weitergegeben.

Eine Mutter, die selbst nicht genügend Liebe und Aufmerksamkeit von ihren Eltern bekommen hat, ist wie ein leeres Glas. Um sich das bildlich vorstellen zu können, zeige ich in meinen Trainings immer ein leeres Glas. Wenn wir uns selbst oder die bedürftige Mutter, die ein verletztes Kind in sich trägt, stellvertretend für das leere Glas sehen, haben wir *nichts* an unser Umfeld weiterzugeben. Es ist nicht die Aufgabe der Menschen, die uns nahe stehen (Eltern, Partner, Chef, Kollegen, Freunde), dieses Glas zu füllen. *Es ist allein unsere Aufgabe.* Wenn wir dafür sorgen, dass unser »Lebensglas« mit Lebensfreude, Wertschätzung und Selbstliebe gefüllt ist, haben wir jede Menge an unser Umfeld weiterzugeben. Menschen, die bestmöglich für sich selbst sorgen und gut mit sich verbunden sind, sind ein Segen für ihr Umfeld, denn sie nehmen die Verantwortung für ihr Leben selbst in die Hand, verlassen die Opferrolle und haben somit die Möglichkeit, auch andere Menschen an ihrer neu gewonnenen Kraft teilhaben zu lassen.

Die Rolle des Vaters

Sehr viele Kinder erleben ihre Väter als mehr oder weniger abwesend. Die meisten Väter verbringen den Großteil ihrer Zeit im Job und sind damit beschäftigt, Karriere zu machen. Zu Hause sind sie oftmals nur physisch anwesend und manchmal mit den Bedürfnissen eines kleinen Kindes überfordert. Glücklicherweise gibt es in den letzten Jahren eine Veränderung, was die Werte der jüngeren Vätergeneration betrifft. Immer mehr Männer übernehmen Teile der Kindererziehung. Aus meiner persönlichen Coaching-Erfahrung kann ich jedoch bestätigen, dass die meisten über Dreißigjährigen noch mit dem »alten« Rollenbild des Vaters aufgewachsen sind.

In der heutigen Zeit kommt hinzu, dass der Anteil an alleinerziehenden Müttern stark zunimmt und viele Kinder deshalb mit einem »Teilzeit-« beziehungsweise »Wochenendpapa« aufwachsen. Jedes Kind sehnt sich nach einem liebevollen Kontakt zu seinem Vater. Seine Aufmerksamkeit und Wertschätzung zu bekommen ist entscheidend für eine gesunde Entwicklung des Selbstwertgefühls. Mir persönlich fällt das immer auf, wenn ich die Söhne meiner Nichten beobachte. Sobald Papa in der Nähe ist, wird um seine Aufmerksamkeit gebuhlt. Und wenn die Kinder etwas Neues lernen, rufen sie ganz stolz: »Papa, Papa, schau, was ich kann.« Der Stolz eines Vaters auf sein Kind ist somit eine enorme Kraftquelle für die Entwicklung.

Das »innere Kind« als Schlüssel zu mehr Lebensglück

Die Summe aus Kindheitserfahrungen und angeborenen Eigenschaften bildet unseren Wesenskern. Der Ausdruck »inneres Kind« ist eine Metapher, die in der Psychologie verwendet wird. Dieses »innere Kind« bestimmt, wie wir fühlen und handeln. Wenn du in dich hineinspürst und dein »inneres Kind« bittest, sich zu zeigen, hast du vermutlich wie die meisten intuitiv ein Bild von dir selbst im Kopf. Wenn sich dein »inneres Kind« zeigt, kannst du beobachten, ob es glücklich oder traurig ist. Insbesondere wenn es traurig ist, ist es wichtig, dich deinem inneren Kind zuzuwenden, es zu trösten und ihm jetzt die Liebe zu geben, nach der du dich als Kind gesehnt hast. Dein inneres Kind wartet auf Heilung. Mein inneres Kind ist zum Beispiel ungefähr vier Jahre alt, zeigt sich mir fröhlich und ist voller Energie und Lebensfreude. Traurig ist es inzwischen nur noch selten. Durch meine Selbstreflexion, meine Heilarbeit an mir selbst, hat dieses Kind mittlerweile Vertrauen in das Leben und in sich selbst gewonnen. Es ist jedoch nicht gern allein und manchmal hat es noch Verlustängste beziehungsweise Angst davor, dass ein geliebter Mensch stirbt – was auf den frühen Verlust meiner Eltern und zwei meiner geliebten Geschwister zurückzuführen ist.

Ein Kind kommt auf die Welt und erfährt durch seine Umwelt täglich Zuwendung, die an Bedingungen, die es zu erfüllen hat, geknüpft ist. Das Kind wächst mit der Information auf, dass es Liebe nur gibt, wenn gewisse Anforderungen und Bedingungen erfüllt sind. Es muss aus diesem Verhalten somit den Rückschluss ziehen: Ich werde nicht geliebt um meiner selbst willen, mit allem, was dazugehört, sondern mit mir stimmt etwas nicht. Ich bin nicht in Ordnung, so wie ich bin, sonst würden die Erwachsenen mich anders behandeln. Ich bin schuld, dass es meinen Eltern schlecht geht, oder ich bin eine Belastung, es wäre besser, wenn ich nicht geboren wäre. Solche Gedanken führen dazu, dass sich viele im Erwachsenenalter selbst hassen und ablehnen. Oftmals werden dieser Schmerz und der Hass so unerträglich, dass das Kind sie verdrängen oder projizieren muss. Häufig sind Geschwister oder der Vater Opfer dieser Projektion. Insbesondere Väter werden für vieles, was schiefgelaufen ist, »schuldig« gesprochen. Die Mutter als Hauptbezugsperson wird oftmals verschont. Da das Kind spürt, dass seine Existenz von dieser Frau abhängig ist, tut es meist alles, um die Ablehnung der Mutter zu verbergen.

Als Kinder haben wir fast alle schwierige Zeiten durchlebt, schmerzhafte Erfahrungen gemacht und viele von uns haben Traumata erfahren. Hier ist es auf alle Fälle empfehlenswert, sich professionelle Unterstützung zu holen. Wir versuchen oft, diese schmerzvollen Zeiten zu vergessen, weil wir uns vor zukünftigem Leid und Schmerz beschützen wollen. Es ist, als wenn wir unsere Erinnerungen in einem Kästchen versperren würden, das wir in unserem Unterbewusstsein abstellen, weil wir jedes Mal, wenn uns unsere Lebensumstände mit diesem Schmerz konfrontieren, glauben, es nicht ertragen zu können. Die Gefühle und Erinnerungen in unser Unterbewusstsein zu verbannen, scheint die beste Lösung zu sein. *Viele haben es jahrzehntelang nicht gewagt, diesem verletzten Kind gegenüberzutreten, denn dieser Schritt erfordert sehr viel Mut und vor allem Mitgefühl mit dem kleinen Wesen, das wir einst waren.* Doch nur weil wir es nicht wahrgenommen haben, heißt das nicht, dass es nicht da war, mit seinem Schmerz, seiner Trauer, Wut und Ohnmacht. Viele von uns haben dieses Kind –meist aus Selbstschutz – im Stich gelassen. Oftmals wollen wir diesen Schmerz vermeiden, indem wir vor dem Kind in uns davonlaufen und es auf Abstand halten. Doch der Schmerz des Kindes hört dadurch nicht auf. Das verletzte Kind bittet um Liebe und Aufmerksamkeit, doch wir machen meist das Gegenteil. Wir lenken uns noch mehr ab und laufen weiterhin weg, weil wir Angst haben, diesen Schmerz zu fühlen. Ständig lenken wir uns im Außen ab. Mit Arbeit, Unterhaltung, Freizeit, Sport, Alkohol, Drogen. All das, weil wir diesen Schmerz nicht wieder fühlen wollen. Doch das verletzte Kind will in seinem Schmerz wahrgenommen werden. Es braucht Zuwendung, Liebe und Mitgefühl und macht sich in unseren Lebensumständen, Beziehungen, körperlichen Symptomen so lange bemerkbar, bis wir bereit sind, hinzuschauen und die Verletzung dieses kleinen Wesens bejahend zu fühlen und ihm Aufmerksamkeit und Geborgenheit zu schenken.

Neben dem »inneren Kind« gibt es auch noch den »inneren Erwachsenen«. Es ist jedoch wichtig, den Anteil des »inneren Kindes« zu erkennen und ihn von unserem »inneren Erwachsenen« zu unterscheiden beziehungsweise zu trennen. Wenn zum Beispiel Gefühle von Unsicherheit und Angst hochkommen, dann mache dir bewusst, dass das nur ein Teil von dir ist – nämlich der Anteil des verunsicherten Kindes in dir – und dein »innerer Erwachsener« sehr wohl handlungsfähig ist. Ganz wichtig: Nimm hier eine ganz bewusste Trennung vor. Einerseits ist da das »innere Kind«, das sich immer wieder unsicher, abgelehnt und ängstlich fühlt, und andererseits gibt es deinen »inneren Erwachsenen«, der erkennen kann, dass die Ängste übertrieben sind, und der eine Strategie hat, um sich selbst zu helfen, indem er sich dem »inneren Kind« zuwendet. Wenn in meinem Fall wieder Verlustängste anklopfen, dann nehme ich (als mein erwachsenes Ich) mein »inneres Kind« in den Arm und tröste es. Ich sage ihm Sätze wie »Du darfst Angst haben, wieder geliebte Menschen zu verlieren und im Stich gelassen zu werden. Damals warst du mit deinem Schmerz allein, jetzt bin ich für dich da. Ich beschütze dich, du bist in Sicherheit und ich lasse dich niemals im Stich, egal was passiert.« Es braucht oft sehr viel Geduld, das »innere Kind« zu überzeugen, aber der Weg lohnt sich, ich verspreche es dir.

Als Basis für die Entwicklung eines gesunden Selbstwertgefühles gilt eine geregelte kindliche Entwicklung, die sich an folgenden Grundpfeilern orientieren sollte: Erleben und Meistern von Ereignissen, die im Kind eine positive und angenehme Wirkung erzielen, Erfahren von Wertschätzung und Anerkennung innerhalb des familiären und äußeren sozialen Gefüges, Identifikation mit Bezugspersonen, die selbst über die nötige Selbstsicherheit verfügen und dem Kind als aufbauendes Beispiel und Vorbild dienen, Gleichgewicht zwischen erlebter Freiheit und der Eingebundenheit in ein gesellschaftliches Bezugssystem.

Wenn ein Kind keine sichere Bindung zu seinen Eltern erlebt, kann es entweder dazu führen, dass die betroffenen Kinder zu viel an ihren Eltern klammern oder ihnen aus dem Weg gehen, um Nähe zu vermeiden. Aus diesem Grund unterscheidet man zwischen der unsicher-anklammernden und der unsicher-vermeidenden Beziehung. Menschen, die in der Kindheit einen dieser Bindungsstile erlebt haben, haben in der Regel Schwierigkeiten in Beziehungen. Darauf gehe ich im nächsten Kapitel »Die vielen Gesichter eines schlechten Selbstwertes« näher ein.

Als Kinder lernen wir durch Beobachtung der Reaktionen der Erwachsenen, wie wir uns und das Leben zu empfinden haben. Die Art und Weise, wie wir von unserer Umgebung, also von Eltern, Geschwistern und Freunden, lernen, über uns und die Welt zu denken, ist also maßgeblich entscheidend. Wenn wir mit Menschen gelebt haben, die sehr unglücklich und verängstigt waren, die sich schuldig gefühlt haben oder verärgert waren, dann haben wir diese Prägungen gespeichert. Ein derartiges frustriertes Umfeld kann sich zum Beispiel in permanenten Schuldgefühlen oder Überzeugungen wie »Ich mache nie etwas richtig«, »Das ist mein Fehler«, »Ich bin ein Versager«, »Ich bin nicht gut genug«,

»Ich darf mich nicht so wichtig nehmen« im Leben äußern. Die Ursachen für solche Glaubenssätze können sein:

- Deine Bedürfnisse wurden nicht gesehen oder vernachlässigt.
- Du wurdest bestraft, wenn du nicht funktioniert hast.
- Deine Talente und Fähigkeiten wurden nicht gesehen oder gefördert.
- Dir wurde das Gefühl vermittelt, dass du nicht gut genug bist.
- Du wurdest nur beachtet, wenn du etwas besonders gut gemacht hast.
- Du wurdest ständig mit den Leistungen anderer verglichen.

Mit positiven Botschaften hingegen lernt das Kind, dass es gut ist, so wie es ist, und es lernt, sich selbst zu akzeptieren. Es bekommt Grenzen gesetzt, wird in einem gesunden Maß gelobt und lernt, dass es auch Schwächen haben darf. Es ist die Aufgabe der Eltern, die Gefühle und Bedürfnisse ihres Kindes zu verstehen und nicht umgekehrt. Kein Kind kommt mit schlechten Eigenschaften auf die Welt, deshalb können Kinder keine schlechten Menschen sein. Sie können nerven und anstrengend sein, das ändert jedoch nichts an ihrem Wert.

Erziehungsfördernd sind folgende Botschaften an das Kind: »Wir lieben dich, so wie du bist, was nicht heißt, dass wir alle Verhaltensweisen gut finden.« »Du musst dich nicht verbiegen, um unsere Erwartungen zu erfüllen.« »Wir fördern dich bestmöglich nach deinem Potenzial und deinen eigenen Wünschen.« »Obwohl wir dir nicht alles erlauben, darfst du deinen eigenen Willen haben und äußern.« »Du darfst Nein sagen, ohne dafür mit Liebesentzug bestraft zu werden.«

Wenn du aus deinem Kindheitsprogramm aussteigen

willst und du dich für ein selbstbestimmtes, erfolgreiches, glückliches Leben entscheidest, ist es wichtig, die Tatsache anzuerkennen, dass du dir mit den Glaubenssätzen deines »inneren Kindes« deine Zukunft selbst erschaffst und dass Probleme auf der subjektiven Wahrnehmung von dir und deiner Umwelt beruhen.

Gedanken bestimmen unser Leben – sie erzeugen unsere Gefühle. Was wir fühlen, strahlen wir aus, und was wir ausstrahlen, ziehen wir in unser Leben.

Gedanken sind magnetisch und Gedanken haben eine Frequenz. Während wir denken, werden unsere Gedanken an das Umfeld ausgesandt und wir ziehen magnetisch alle Dinge an, welche die gleiche Frequenz aufweisen. Alles, was ausgesandt wurde, kehrt zum Ursprung, sprich zum Sender, also zu uns selbst zurück. Wir wissen, dass der Fernsehturm eines Senders eine Frequenz ausstrahlt, welche in unserem häuslichen Empfangsgerät in Bilder umgewandelt wird. Wir wissen auch, dass jeder Kanal eine bestimmte Frequenz hat, und wenn wir diese Frequenz auf unserem Gerät einstellen, bekommen wir das Programm eines bestimmten Senders auf unserem Bildschirm zu sehen. Wenn wir andere Bilder auf unserem Gerät sehen wollen, wechseln wir die Frequenz. So ähnlich verhält sich das auch bei uns. Wir senden Frequenzen aus und vermögen dabei mehr als jeder Fernsehturm, wir sind sozusagen der mächtigste Sendeturm im Universum. Alles, was wir aussenden, erschafft und gestaltet unser Leben und unsere Realität. Unsere Gedanken erschaffen eine Frequenz und wir ziehen auf der gleichen Frequenz

Dinge, Situationen, Menschen und somit unsere selbst erschaffene Realität an. Wenn wir in unserem Leben etwas ändern möchten, dann ist es erforderlich, die Frequenz beziehungsweise den Kanal zu ändern, indem wir unsere Gedanken und Glaubenssätze ändern.

»Es ist der Geist, der die Welt bewegt«, sagte schon der französische Dichter Antoine de Saint-Exupéry.[3] Der Geist kann einfach alles, nichts ist unmöglich, der Geist hat Macht über die Materie. Wer zielgerichtet denkt, zieht das Gedachte zwangsläufig in sein Leben wie ein Magnet. Wir säen in jeder Minute unseres Lebens Ursachen, bewusst oder unbewusst, die sich dann als Glück oder Leid, als Erfolg oder Misserfolg, als Krankheit oder Wohlbefinden manifestieren. Gedanken sind abstrakt. Sie sind nicht die Sache selbst, vielmehr ein Ausdruck einer Interpretation, sie schieben sich zwischen uns und die Wirklichkeit.

Täglich denkt ein Mensch etwa 50.000 bis 70.000 Gedanken. Aufgrund unserer Lebensumstände, der vergangenen Erfahrungen und Prägungen haben wir gelernt, eine große Anzahl dieser Gedanken negativ zu denken. Bis zum 18. Lebensjahr hört jeder Mensch 150.000 negative Suggestionen, danach täglich weitere 22. Es ist anzunehmen, dass etwa 86 Prozent aller Gedanken negativen Ursprungs sind und nur 15 Prozent positiv. Darüber hinaus sind circa zehn Prozent der Gedanken bewusst und 90 Prozent unbewusst.

Du erschaffst dir deine Realität selbst und dieser Prozess läuft so lange automatisch und unbewusst ab, bis du ihn bemerkst und bereit bist, die Verantwortung dafür zu übernehmen und das innere Muster zu verändern.

Um dein »inneres Kind« zu heilen, brauchst du ein starkes »Erwachsenen-Ich«, denn dieses kann verstehen, dass die negativen Glaubenssätze nur das Ergebnis deiner kindlichen Prägung sind. Wichtig: Versuche immer einen Abstand zwischen dir und deinem Gefühl, sprich deiner Angst, herzustellen und identifiziere dich nicht mit dem Gefühl, indem du zum Beispiel denkst: »Ich habe Angst, verlassen oder abgelehnt zu werden.« Denke stattdessen: »Das Kind in mir hat Angst, verlassen oder abgelehnt zu werden.« Somit bleibst du im »Erwachsenen-Ich« auf Distanz zu deiner aktuellen Situation oder deinem Problem und bist immer handlungsfähig. Du kannst für dein »inneres Kind« da sein und ihm Sicherheit geben sowie Vertrauen und Trost schenken. Alle Gefühle wie Anteilnahme, Trost, Sicherheit, Geborgenheit, Schutz etc., die du dir damals so sehr gewünscht hast, kann dein »Erwachsenen-Ich« dem »inneren Kind« jetzt geben.

Die folgende Übung hilft dir dabei, in Kontakt mit deinem »inneren Kind« zu treten. Nimm dir zu diesem Zweck eine Auszeit und sorge dafür, dass du für die nächsten Minuten ungestört bist. Atme ein paar Mal tief ein und aus und lasse deine Alltagsgedanken an dir vorüberziehen. Sei ganz präsent im Hier und Jetzt und schenke dir bewusst diese Zeit.

ÜBUNG:
Kontakt mit deinem »inneren Kind« aufnehmen

Schließe die Augen und versuche, Kontakt mit deinem »inneren Kind« aufzunehmen. Rufe es und bitte es, sich zu zeigen. Falls du kein inneres Bild bekommst, mache dir bitte keinen Druck. Du darfst auch zur Unterstützung ein Kinderbild von dir aufstellen und zu diesem Kind sprechen, entweder laut oder mit deiner inneren Stimme. Das kann zum Beispiel so aussehen: »Mein armer Schatz, das war damals sicher nicht einfach für dich, als deine Mama deinen Papa so plötzlich und unvorbereitet verlassen hat und dir die Schuld dafür gegeben hat, dass sie so lange für dich durchgehalten hat und geblieben ist. Du hast deinen Papa sicher sehr vermisst und das war ganz schrecklich für dich. Doch die Mama hat das nicht absichtlich gemacht und du bist nicht schuld daran, dass sie oft traurig und wütend war.« Sage die Sätze nun passend zu deiner persönlichen Situation. Vertraue, denn du kannst nichts falsch machen. Tröste und beruhige das Kind, so wie du dein eigenes Kind trösten würdest. Umarme es gedanklich und versichere dem Kind, dass du (das »Erwachsenen-Ich«) nun da bist und ihm all die Gefühle vermittelst, nach denen es sich damals so sehr gesehnt hat. Du kannst auch noch zusätzlich mit dem »inneren Kind« einen Brief an deine Eltern schreiben – unabhängig davon, ob sie noch am Leben sind – und ihnen all die unterdrückten Gefühle mitteilen. Bitte den Brief nicht abschicken, sondern verbrennen. Schreibe so lange Briefe, solange Emotionen hochkommen. Irgendwann wirst du merken, dass du dir alles von der Seele geschrieben hast.

Eine der wichtigsten Übungen zum Aufbau eines positiven Selbstwertgefühls beziehungsweise zur Heilung des »inneren Kindes« ist die Arbeit mit Affirmationen. Darauf werde ich später noch eingehen. Was ich dir jedoch gleich empfehle, ist, ein süßes Kinderbild von dir aufzustellen. Platziere es an einer Stelle, wo du das Bild täglich siehst. Gewöhne dir an, regelmäßig zu dem Kinderbild zu sprechen und dem Kind zu sagen, wie stolz du auf es bist und wie fantastisch ihr zwei das gemeistert habt. Überhäufe das Kind mit Liebe, Lob, Wertschätzung und Anerkennung und gib dir alles in Form des positiven Selbstgespräches, was du dir damals von deinen Eltern so sehr gewünscht hättest. Je häufiger du die Übungen in deinem Alltag praktizierst, je öfter du das wiederholst, desto mehr werden sich die neuen Programme und guten Gefühle in deinem Gehirn einprägen und die alten Programme überschreiben, die somit ihre Wirksamkeit verlieren.

An folgenden Anzeichen kannst du erkennen, dass dein »inneres Kind« zu heilen beginnt:

- Du erkennst, wer deine alten Wunden triggert.
- Du machst es immer öfter dir selbst recht und nicht nur den anderen.
- Du hast Verständnis für deinen Schmerz und nimmst ihn an.
- Du lernst, die Zeit mit dir allein zu genießen.
- Du nimmst deine Fehler liebevoll an und fühlst dich trotzdem wertvoll.
- Du erkennst, wonach du dich sehnst und schenkst es dir.

Echte Wertschätzung beginnt immer bei dir selbst

Wertschätzung ist eine positive Grundhaltung gegenüber anderen Menschen. Indem wir anderen Menschen unsere Wertschätzung ausdrücken, steigern wir ihren Wert. Wir schätzen jemanden als wertvoll, unabhängig von seiner Leistung, von seinem Handeln und seinem Äußeren. So eine grundlegende wertschätzende Haltung für unser Gegenüber einzunehmen, zeugt von hohem Respekt.

Wenn ich für Firmenseminare gebucht werde, bekomme

ich in den meisten Fällen im Zuge des Briefings auch das Firmenleitbild zu lesen. Gelebte Wertschätzung und Respekt ist dort nahezu in jedem Unternehmen schriftlich festgehalten. Doch Papier ist bekanntermaßen geduldig. Denn ob diese Wertschätzung innerhalb der Unternehmenskultur auch tatsächlich gelebt wird, spürt man meist schon innerhalb kürzester Zeit. Und oftmals bleibt es maximal bei einer »Wortschätzung«. So war es kürzlich Bestandteil meines Briefings in einem renommierten Pharmakonzern, dass ich den Mitarbeitern wortwörtlich »endlich mal richtig Gas geben soll«. Diese Grundhaltung zeigt mir natürlich, dass es hier im Bereich der gelebten Wertschätzung gegenüber Mitarbeitern noch Verbesserungspotenzial gibt.

Wann immer Menschen einander grundlegende wertschätzende Haltung entgegenbringen, so ist es eine Begegnung von Herz zu Herz. Es ist etwas, wonach wir uns alle sehnen. So angenommen zu werden, wie wir sind, und geschätzt zu werden, einfach weil es uns gibt, und nichts dafür tun zu müssen, das wünschen wir uns alle. Denn nur wenn die Stimmung stimmt, stimmt auch die Leistung. Heute sollten wir nachdrücklicher denn je betonen, dass Anerkennung, Aufmerksamkeit und Respekt jeder verdient. Nicht weil er etwas leistet oder gut aussieht, sondern einfach, weil er ein wertvoller Teil der Schöpfung ist. Jeder Mensch ist in seinem Innersten schön und ist es wert, geliebt und geschätzt zu werden.

In meinen Trainings gibt es eine Übung zum Thema Wertschätzung, die nicht nur ich, sondern auch meine Teilnehmer sehr lieben. Es ist eine Partnerübung, in welcher jeder seinem Gegenüber mitteilt, was er an ihm besonders schätzt und mag, was er am anderen sympathisch findet und welche positiven Eigenschaften sonst noch entdeckt werden. Jeder bekommt dafür mindestens fünf Minuten Zeit. Fast immer sind die Teilnehmer sehr berührt von dem, was sie zu hören bekommen. Es sind oft KollegInnen, welche schon Jahre oder Jahrzehnte zusammenarbeiten und diese gegenseitige Wertschätzung noch nie ausgesprochen haben. Manche nehmen sich in den Arm und nicht selten fließen auch Tränen der Rührung. Nach der Übung stelle ich immer fest, dass es nur noch strahlende Gesichter gibt. Wir sollten das grundsätzlich zu unserer Kommunikationskultur machen: alles auszusprechen, was wir an Menschen in unserem Umfeld schätzen. Wenn uns etwas nicht gefällt, sprechen wird das ja auch aus. Also beschenke dein Umfeld regelmäßig mit Wortkomplimenten, natürlich nur, wenn diese aufrichtig und ehrlich gemeint sind.

Vorgesetzte haben natürlich eine starke Vorbildwirkung, was die Kommunikation betrifft. Wenn sie wertschätzend mit ihren Mitarbeitern umgehen und Respekt und Anerkennung im Firmenalltag vorleben, dann fördert das den Teamgeist und ist einer der größten Motivationsfaktoren für Mitarbeiter. Denn nur wenn die Stimmung stimmt, stimmt auch die Leistung.

Menschen erfolgreich führen kann ich nur, wenn ich selbst an meine Stärken glaube. Aus anderen Menschen das Beste herauszuholen ist nur möglich, wenn auch ich das Beste in ihnen sehe, mich auf ihre Stärken und Talente fokussiere und an sie glaube. Denn Glaube versetzt bekanntermaßen Berge. Und wenn wir Menschen in unserem Umfeld haben, die uns in unserer wahren Größe sehen, sind Höchstleistungen möglich. Wie sich wertschätzender Umgang und positive Erwartungshaltung auf unser Umfeld auswirken, beschreibt der sogenannte Rosenthal-Effekt, auch Pygmalion-Effekt genannt. Der amerikanische Psychologe Robert Rosenthal[4] hat sich mit den Auswirkungen einer positiven Erwartungshaltung auf verschiedene Lebensbereiche beschäftigt. Wichtig ist das Wissen um das Rosenthal-/Pygmalion-Muster im Kontext von Menschenkenntnis sowie Bewertung und Förderung von Menschen, sei es im Job zwischen Führungskraft und Mitarbeitern oder in der Schule zwischen Lehrer und Schülern.

Rosenthal fand bei einem Versuch heraus, dass eine zufällig ausgewählte Gruppe Grundschüler bessere Leistungen erbrachte, nachdem ihren Lehrern weisgemacht wurde, diese Kinder hätten einen besonders hohen IQ. Es bestätigte sich, dass die Lehrer dadurch unbewusst ihr Verhalten änderten. Sie lächelten die vermeintlich intelligenteren Schüler häufiger an und beachteten deren Beiträge besonders. Das spornte die Kinder weiter an und sie erbrachten wesentlich bessere Resultate als jene Gruppe mit dem »vermeintlich« niedrigeren IQ, welche in den Testergebnissen deutlich schlechter abschnitten und auch weniger Beachtung und Förderung von den Lehrern erhielten.

Auch im Berufsalltag wird der Rosenthal-Effekt mit all seinen Wirkungen durch das Erwecken einer positiven Erwartungshaltung ausgelöst. Hier führt die positive Grundhaltung des Chefs, der an die Stärken seiner Mitarbeiter glaubt, dazu, dass diese mehr Selbstbewusstsein erlangen und dadurch die Leistungsfähigkeit und Motivation gesteigert wird. Projekte lassen sich erfolgreich realisieren und ein positiver Kreislauf entsteht.

Der Rosenthal-Effekt bestätigt die Meinung, die man von jemandem hat. Wie jemand vermeintlich ist oder was uns von anderen glauben gemacht wird, beeinflusst unsere Wahrnehmung und unseren Umgang mit der Person. Was du also über dich und andere denkst und glaubst, beeinflusst nicht nur deine eigene Leistung, sondern auch die deines Teams beziehungsweise deiner Mitarbeiter. Die Aussage »Man wird, wie man gesehen wird« bringt somit den Pygmalion-Effekt auf den Punkt.

Speziell für all jene, die Führungsverantwortung haben, ist es deshalb besonders wichtig, an die Fähigkeiten ihres Teams zu glauben, das Beste in den Mitarbeitern zu sehen und ihnen Vertrauen entgegenzubringen. Das sind die stärksten »Motivationsbooster«. Dies wiederum setzt voraus, dass du deine eigenen Stärken kennst, denn nur so ist es möglich, diese auch in anderen zu erkennen. Viel zu häufig sind Chefs auf die Schwächen ihrer Mitarbeiter fokussiert und versuchen diese Defizite durch Schulungen oder Coachings zu korrigieren. »Eine Schwäche abzulegen kostet jedoch ungleich viel mehr Kraft, als eine Stärke zu stärken«, schreibt Management-Vordenker Fredmund Malik in seinem Buch »Führen, Leisten, Leben«[5]. Wir sollten uns grundsätzlich wieder mehr zu einer »Stärken«- als zu einer »Schwächenkultur« entwickeln.

IMPULS für deinen starken Selbstwert

Entscheide dich dafür, aus deinem Leben das Allerbeste und Allerschönste zu machen, denn das hast du dir verdient. Triff eine machtvolle Entscheidung und sei bereit, dir selbst Anerkennung und Wertschätzung zu schenken. Mache dich selbst zu deiner besten Freundin/zu deinem besten Freund. Entwickle einen feinen Sinn für den Wert und das Potenzial anderer Menschen und sprich deine Wertschätzung auch aus. Damit erschaffst du ein vertrauensvolles, optimistisches Klima und dieses ist Voraussetzung für langfristigen Erfolg.

Kapitel 2

Die vielen Gesichter eines schlechten Selbstwertes

Je mehr du an dich selbst glaubst, desto mehr inspirierst du andere, an sich zu glauben!

Was unterscheidet einen selbstbewussten Menschen von einem nicht selbstbewussten Menschen? Die Frage ist einfach zu beantworten: Ein selbstbewusster Mensch akzeptiert seine Schwächen und fokussiert sich auf seine Stärken. Ein unsicherer Mensch hingegen kann seine Schwächen nicht akzeptieren und schenkt ihnen zu viel Energie und Aufmerksamkeit.

Ein Mangel an Selbstwertgefühl ist dann gegeben, wenn du dich nicht als Person annehmen kannst und du dir gegenüber kein positives Grundgefühl pflegst. Damit verbunden sind meistens auch ein Mangel an Selbstfürsorge, Selbstbewusstsein und Selbstvertrauen. Wenn wir uns selbst nicht genug lieben und *wert*-schätzen, führen wir Beziehungen, die uns nicht guttun, muten uns Stress zu, der uns schadet. Oftmals sind wir auch überzeugt, Glück und Erfolg nicht verdient zu haben oder um Liebe und Anerkennung anderer Menschen kämpfen zu müssen. Wir machen unser Selbstwertgefühl abhängig vom Verhalten anderer Menschen. Von ihnen erhoffen wir uns Anerkennung, Liebe, Aufmerksamkeit und Lob, zudem haben wir Angst vor ihrer Ablehnung, wenn wir den gesellschaftlichen Normen nicht »entsprechen«. Somit sind wir immer »bedürftig«. Was wir wirklich wollen, tritt dabei in den Hintergrund. Irgendwann wissen wir nur noch, was wir zu erfüllen haben, aber nicht, was uns erfüllt.

Schlechter Selbstwert in Partnerschaften und intimen Beziehungen

Viele Menschen sind geprägt von dem Satz »Ich habe den richtigen Partner noch nicht gefunden« oder »Ich gerate immer an den oder die Falsche(n).« Dabei kannst du dir gewiss sein: Du bist noch nie an den falschen Partner geraten – *denn es gibt keinen falschen Partner.* Das mag für viele provokant klingen. Das Leben irrt sich jedoch nie. Denn den Menschen, den du jetzt an deiner Seite hast, hast du bewusst oder unbewusst gemäß dem Gesetz der Resonanz und deinen Glaubenssätzen und deinen Mustern entsprechend in dein Leben gezogen. Der Partner – gleich wie verletzend oder lieblos er sich verhält – spiegelt uns immer etwas Wesentliches über uns selbst und unsere meist unbewussten Prägungen. Egal wie dein Partner sich verhält, du hast ihn ausgewählt, darum trägst auch du Mitverantwortung dafür, was aus dieser Beziehung wird. Der Partner ist dein Lernprogramm, für das sich deine unbewussten Muster entschieden haben. Wenn er zum Beispiel nicht treu ist, seine Gefühle nicht zeigen kann, deine Bedürfnisse nicht achtet oder was immer dein Partner/deine Partnerin dir spiegelt, stellt sich die Frage: Warum lässt du es zu? Erst wenn wir uns für diese Erkenntnis öffnen und bereit sind, tiefer hinzuschauen, können wir erkennen, welche Erfahrung die aktuelle Partnerschaft für uns bereithält. Somit war jeder Partner, den du bisher in dein Leben gezogen hast, der Richtige für dich. Und das meine ich nicht als Provokation. Vielmehr ist diese Erkenntnis der Schlüssel in die Freiheit und Eigenverantwortung.

Nachvollziehbarerweise ist ein gesunder Selbstwert maßgeblich für erfüllende Liebesbeziehungen verantwortlich. Was spiegelt es uns, wenn sich der andere uns gegenüber minderwertschätzend verhält? Wenn er uns nicht beachtet und belügt oder betrügt? Es zeigt uns zum einen, dass wir minderschätzendes Verhalten tolerieren und zum anderen, dass wir uns selbst meist auch abwerten. Es gibt kein größeres Hindernis in Partnerschaften als ein schlechtes Selbstwertgefühl. Diese Angst ist ein Nährboden für selbsterfüllende Prophezeiungen. Wenn ich grundlegend das Gefühl habe, dass

- ich nicht besonders attraktiv bin,
- ich es nicht verdiene, bedingungslos geliebt zu werden, so wie ich bin,
- ich aus Angst vor dem Alleinsein lieber in einer toxischen Beziehung bleibe,
- meine Eltern auch eine unglückliche Beziehung hatten und ich dieses Muster wiederhole, indem ich genauso werde wie meine Mutter und/oder mein Vater, obwohl ich das nie wollte,
- ich tief in mir ein sehr negatives Frauen- beziehungsweise Männerbild habe und mir dieses in meinen Beziehungen gespiegelt wird,

hat das massive Auswirkung auf meine Beziehung.

Die unerlösten Wunden unseres »inneren Kindes« haben wir bereits im Kapitel »Das innere Kind als Schlüssel zu mehr Lebensglück« erwähnt. Diese Wunden haben meist weitreichende Folgen bei der Partnerwahl. Das bedeutet in der Lebensrealität:

- Wir geraten immer wieder an Partner, die ähnlich untreu, hart, kühl oder cholerisch sind, wie es unser Vater oder unsere Mutter waren.
- Wir wiederholen in unserer Beziehung die Ehe unserer Eltern. Dabei verwandelt sich der Partner in seinem Verhalten in eines unserer Elternteile und wir nehmen beinahe automatisch die Rolle des anderen Elternteils ein, auch wenn wir niemals so werden wollten.
- Wir übernehmen immer wieder zu viel Verantwortung in der Partnerschaft, obwohl wir uns eigentlich fallen lassen wollten und uns nach einer Schulter zum Anlehnen sehnen. Ein ähnliches Muster kennen wir womöglich aus der Kindheit, in der uns viel zu früh die Verantwortung für uns selbst und/oder unsere Geschwister übertragen wurde.
- Wir wählen einen Partner, der uns mit Liebe und Fürsorge erdrückt, so aber verhindert, dass wir Eigenverantwortung übernehmen – ähnlich wie es Mutter oder Vater vielleicht in der Kindheit getan haben.
- Wir wählen Partner, die uns ablehnen, ignorieren oder im Stich lassen, ähnlich wie uns vielleicht die Mutter in der Kindheit viel zu früh emotional oder physisch allein gelassen oder uns der Vater mit mangelnder Aufmerksamkeit und Liebesentzug bestraft hat.
- Wir geraten an einen Partner, für den wir nie an erster Stelle stehen. Ähnlich wie in der Kindheit, als der Vater oder die Mutter der kleinen Schwester oder dem großen Bruder stets mehr Aufmerksamkeit schenkten.

Diesen Themen begegne ich immer wieder in meinem Arbeitsalltag. Mit etwas Ausdauer kann aber jede/r daran arbeiten und somit ihr/sein Leben in positivem Sinn gestalten.

Beispiel aus der Praxis: Eine meiner Klientinnen klagte mir ihr Leid, dass sie sich von ihrem Partner zu wenig wertgeschätzt fühle. Sie bekomme zu wenig Aufmerksamkeit und Zeit von ihm. Der Job sei ihm viel wichtiger als sie und er höre auch nie zu. An den wenigen gemeinsamen Abenden seien das Handy und der Fernseher wichtiger, als Zeit miteinander zu verbringen. Ich stellte ihr einige Gegenfragen: Wie sehr sie sich selbst wertschätzt? Wie viel Aufmerksamkeit sie ihren eigenen Bedürfnissen und Wünschen schenkt und wie liebevoll sie selbst mit sich umgeht? Und wie sehr sie sich selbst zuhört? Es wurde still im Raum und ratlose Augen sahen mich an. Keine der oben angeführten Fragen konnte in positivem Maß beantwortet werden. In unserem Gespräch stellten wir fest, dass auch ihr Vater zu Hause emotional wenig präsent gewesen war und der Job bei ihm an erster Stelle gestanden hatte. Wir arbeiteten Schritt für Schritt an ihrem »Vaterthema« und am Aufbau ihres Selbstwertes. Nach circa einem halben Jahr erzählte sie mir freudestrahlend in unserer Sitzung, dass sie plötzlich sehr viel mehr Aufmerksamkeit von ihrem Partner bekomme und dass der Umgang in der Beziehung auch wieder viel liebevoller geworden sei. Ein Wunder? Nein, die Belohnung für die Arbeit an ihrem Thema.

Ich möchte hier betonen, dass ich kein Paarcoach bin. Der minderwertschätzende Umgang ihres Partners war nur ein Aspekt ihres schlechten Selbstwertes. Dafür steht das Beispiel mit dem leeren Glas, welches ich bereits erwähnt habe. Menschen mit einem schlechten Selbstwert sind wie ein leeres Glas. Sie haben nichts zu geben und sind somit in der bedürftigen Opferrolle. Ich nenne diese Menschen »Brauchermenschen«. Sie erwarten von den Leuten in ihrem Umfeld, dass sie ihnen etwas geben, was sie selbst nicht geben können. Sie machen ihr Umfeld für ihre Lebensumstände verantwortlich. Andere sollten die Narben in ihrer Seele und/ oder in ihren Herzen pflegen. Das kann nicht funktionieren, denn das ist allein unsere Aufgabe, die kann uns niemand abnehmen und diesen Weg kann auch niemand für uns gehen. Spannend wird es, wenn zwei »Brauchermenschen« eine Beziehung eingehen. Sie gründen eine »Verbrauchergemeinschaft« und verbrauchen sich gegenseitig, denn sie haben sich nichts aus ihren leeren »Lebensgläsern« zu geben und spiegeln sich die Narben ihrer verletzten »inneren Kinder«. Es ist also allein unsere Aufgabe und nicht die des Partners, der Eltern oder des Vorgesetzten, dieses »Lebensglas« zu füllen und uns selbst den Respekt und die Liebe, Anerkennung und Wertschätzung zu geben, die wir seit unserer Kindheit so schmerzlich vermissen.

Es ist jedoch ein Prozess, sich vom »Brauchermenschen« zum »Gebermenschen« zu entwickeln. Ich ersetze gern das Wort »Beziehung« durch das Wort »Partnerschaft«, denn in einer Beziehung habe ich immer den Anspruch, *etwas zu beziehen.* In einer Partnerschaft geht es hingegen darum, *was ich geben kann.* Wer unabhängig von seinem Partner eigene Aktivitäten pflegt, immer wieder Neues lernt, offen neuen Menschen begegnet und seine eigenen Freundschaften pflegt, der lebt und bringt auch Leben in die Beziehung. Übrigens dasselbe gilt für »Geschäftspartnerschaften«. Die gute Nachricht lautet: Wenn du dich dafür entschieden hast, dich aus der Opferrolle des bedürftigen »Brauchermenschen« zu befreien, dann gibt es kein Zurück und du wirst dich sehr bald leichter, befreiter, erfüllter und glücklicher fühlen.

Schlechter Selbstwert im Beruf

Selbstwertgefühl ist heute wichtiger denn je. Wir leben in einem Wirtschaftsgefüge, das von rapiden Veränderungen, enorm rasanten Entwicklungen und einem nie dagewesenen Konkurrenzdenken bestimmt ist. Die Anforderungen an die Spitzenkräfte und auch an jeden Einzelnen steigen ständig. Schneller, höher, weiter lautet die Devise der modernen Zeit. Ein modernes Unternehmen kann nicht mehr dadurch bestehen, dass einige wenige denken und die restlichen Mitarbeiter einfach machen, was ihnen gesagt wird. Eigenschaften wie Selbstsicherheit, Selbstvertrauen, Selbstmanagement sowie Eigenverantwortung und -initiative sind gefragter denn je. Kurz gesagt: Mitarbeiter mit einem hohen Selbstwertgefühl sind das nachhaltigste Kapital eines erfolgreichen Unternehmens. Viele Menschen haben jedoch das Gefühl, mit diesem Tempo nicht mithalten zu können, und fühlen sich klar überfordert.

Gerade im beruflichen Zusammenhang erlebe ich immer wieder verschiedene »Selbstwertmangel-Typen«, auf welche ich hier näher eingehen möchte.

Der Zweifler und Harmoniesüchtige

Diese Person leidet offensichtlich unter ihren starken Selbstzweifeln, traut sich wenig zu und stellt ihre Leistung permanent infrage. Sie empfindet sich und ihre Leistung meist als nicht genug und hat auch permanent das Gefühl, nur liebenswert und wertvoll zu sein, wenn sie Leistung bringt. Die Leistung anderer wird viel größer und wichtiger eingeschätzt, als sie tatsächlich ist. Dieser Menschentyp leidet unter permanenten Schuldgefühlen und schlechtem Gewissen, da er dauernd das Gefühl hat, etwas falsch gemacht zu haben und sich rechtfertigen zu müssen. Er lebt sehr angepasst und will es allen recht machen. Ich nenne solche Personen auch gern den »Mutter-Theresa-Typ«. Sie opfern sich für alle auf, haben für alle ein offenes Ohr, stellen sich als »Mülleimer« für die Probleme der anderen zur Verfügung, schlucken selbst alles runter und erledigen oft klaglos die unbeliebten Arbeiten der anderen.

Auf den ersten Blick mag es für ein Unternehmen großartig erscheinen, einen harmoniesüchtigen Mitarbeiter zu haben. Auf den zweiten Blick bringt es jedoch zahlreiche Probleme mit sich:

- Wirkliche Probleme und Demotivationsfaktoren werden nicht rechtzeitig ausgesprochen und aus mangelnder Konfliktbereitschaft hinuntergeschluckt.
- Eine mangelnde Fehlerkultur entsteht. Aus Angst vor Konsequenzen oder davor, das Gesicht zu verlieren, werden eigene Fehler verschwiegen oder auf andere Mitarbeiter geschoben.
- Schlechte Performance droht, denn ein Mitarbeiter, der nicht von sich und seinem Produkt/seiner Dienstleistung überzeugt ist, kann niemals ein erfolgreicher Mitarbeiter sein.
- Die betroffene Person hat oftmals innerlich bereits gekündigt, weil der Mut fehlt, Konflikte anzusprechen und Grenzen zu setzen.
- Konstruktive Kritik wird immer persönlich genommen und der eigene Wert sofort infrage gestellt. Sachliche Argumente und Verbesserungsvorschläge können schwer bis gar nicht angenommen werden.
- Führungskräfte und Kollegen sind oftmals überfordert, weil ständig nach Lob und Anerkennung »gehascht« wird. Führungskräfte geraten in eine Überforderung, wenn sie die Rolle des Vaters oder der Mutter übernehmen müssen und das bedürftige »innere Kind« des Mitarbeiters ständig nach positiver Aufmerksamkeit sucht.

- Oft herrscht schlechtes Klima im Team, weil häufig hinter dem Rücken anderer geschimpft und gejammert wird. Aufgrund der Harmoniesucht fehlt der Mut, Konflikte offen anzusprechen.

Der Hochstapler

Manche Menschen werden von extremen Selbstzweifeln geplagt. Anstatt ihre Erfolge auf ihr eigenes Können zurückzuführen, gehen sie davon aus, dass alles, was sie im Leben erreicht haben, nur dem Zufall geschuldet ist. Die amerikanischen Psychologinnen Pauline Rose Clance und Suzanne Imes verliehen dieser speziellen Art von Selbstzweifeln den Namen »Impostor-Syndrom« (auf Deutsch auch »Hochstapler-Syndrom«).[6] Aus der Überzeugung heraus, alles Positive, was ihnen widerfährt, nicht wirklich verdient zu haben, fühlen sich die Betroffenen in ihrer Rolle oft fehl am Platz und leiden unter permanenten Versagensängsten. Ihr negatives Selbstbild erschwert es ihnen, sich über Erfolge zu freuen oder Komplimente anzunehmen, und hemmt sie stark in ihrer persönlichen Entwicklung.

Dieser Selbstwertmangel-Typ übernimmt gern die Führungsrolle, denn daraus bezieht er sein Selbstwertgefühl. Solange die Hochphase anhält, das Leben nach Plan verläuft und sich äußere Erfolge einstellen, ist alles gut. Sobald er jedoch mit schwierigen Situationen und Herausforderungen konfrontiert ist, bricht dieses Scheingerüst zusammen. Das können oftmals vermeintliche Kleinigkeiten im Alltag sein wie Kritik vom Chef oder die Absage eines Kunden. Auch Konflikte mit Kollegen oder andere Niederlagen können am Selbstwert kratzen. Ein Selbstwertgefühl, welches nur auf Äußerlichkeiten aufgebaut ist, vergleiche ich gern mit einem Leuchtturm, der permanent von außen angestrahlt werden muss, um zu leuchten. Wenn das »äußere Licht« wegfällt, ist es vorbei mit dem vermeintlichen Leuchten. Am Hochstapler-Syndrom leiden häufig auch äußerst erfolgreiche Menschen, die in der Öffentlichkeit stehen, zum Beispiel Künstler, Politiker, Schauspieler und Redner.

Sie haben die Tendenz, ihre Erfolge kleinzureden. Sogar bei herausragenden Leistungen haben sie das Gefühl, dass es nichts Außergewöhnliches ist, diese Leistung erbracht zu haben. Sie werten ihren Erfolg ab, weil sie überzeugt sind, dass er doch nur durch die Unterstützung von anderen möglich war. Außerdem brauchen sie immer die Bestätigung und Anerkennung von außen, damit sie das Gefühl bekommen, dass sie ihren Job gut machen

Da die Betroffenen in der permanenten Angst leben, ihre vermeintliche Unfähigkeit könnte entlarvt werden, versuchen sie dies durch Überkompensation zu vermeiden. Sie schrauben ihre Ansprüche in unermessliche Höhen und stellen die unmöglichsten Erwartungen an sich selbst. Damit geraten sie in eine gefährliche Spirale, die nicht selten zu einem Burn-out führt.

Sie glauben, nur liebenswert zu sein und geschätzt zu werden, wenn sie Leistung erbringen. Dieses schädliche Programm wird meist schon in der Kindheit in einem sehr leistungsorientierten Umfeld angelegt. Als Erwachsene gehen die Betroffenen dann permanent an ihre Leistungsgrenzen bis hin zu Burn-out oder Herzinfarkt, nur damit sie Anerkennung und Aufmerksamkeit erhalten.

Ein Beispiel aus der Praxis: Eine Klientin – sie ist Marketingleiterin eines erfolgreichen mittelständischen Unternehmens – präsentiert ihrem Chef das Konzept zur Einführung eines neuen Produktes. Dieser lobt sie für den gelungenen Marktauftritt und das tolle Konzept. Er hat jedoch im Hinblick auf die Werbemaßnahmen und den Produktfolder noch einige Anregungen und Verbesserungsvorschlä-

ge. Diese Verbesserungsvorschläge kommen bei der Betroffenen als Kritik an. Sie hat das Gefühl, ohnehin »nie« etwas richtig zu machen und »immer« kritisiert zu werden. Sie macht dicht und behauptet, beim Vorgesetzten einen gewissen Unterton gehört zu haben, was sich bei näherer, sachlicher Betrachtung als falsch herausstellt. Die lobenden Worte rücken komplett in den Hintergrund und werden gar nicht mehr gehört. Ihr Fokus ist nur noch auf die Kritik gerichtet. Solche Verhaltensweisen sind für einen Vorgesetzten sehr anstrengend, insbesondere dann, wenn die betroffenen Mitarbeiter nicht bereit sind, ihr emotionales Verhalten zu reflektieren.

Der Blender

Bei diesem Selbstwertmangel-Typ ist das Selbstwertgefühl nur auf Äußerlichkeiten, eine materielle Welt und Erfolge aufgebaut, was Instabilität bedeutet. Diese Menschen fühlen sich ausgesprochen selbstsicher und sind davon überzeugt, dass sie ein starkes Selbstwertgefühl haben. Doch der Schein trügt und der Großteil ihres Selbstwertgefühls kommt nicht von innen, sondern ist auf Materielles und äußere Erfolge aufgebaut. Viele Menschen glauben, besonders viel besitzen zu müssen, um ein wertvoller Mensch zu sein, und definieren sich darüber. Oder sie denken, Statussymbole und das Tragen von Luxusmarken mache sie zu einem wertvolleren Menschen. In diesem Zusammenhang ist es mir wichtig festzuhalten, dass es natürlich absolut in Ordnung ist, uns Fülle und Wohlstand zu gönnen. Auch ich umgebe mich gern mit schönen Dingen und lasse es mir gut gehen in meinem Leben. Den Unterschied macht jedoch immer die Grundmotivation aus. Kaufe ich mir bestimmte Dinge, Marken, um zu …?

Diese Frage darf jeder für sich ehrlich beantworten. Es ist jedenfalls mit meinem Wertebild nicht nachvollziehbar, dass jemand glaubt, ein wertvollerer Mensch zu sein, nur weil er zum Beispiel eine bestimmte Automarke fährt oder bestimmte Kleidung trägt. Oft ist sogar das Gegenteil der Fall. Je mehr Statussymbole wir im Außen benötigen, um uns darüber zu definieren, desto geringer ist in den meisten Fällen der tatsächliche Selbstwert. Wie gesagt, es ist völlig in Ordnung, sich gern mit schönen Dingen zu umgeben, denn das darf man sich auch wert sein. Die Fragen, die es jedoch hier zu stellen gilt, sind: »Wer bin ich, wenn das alles wegfällt? Fühle ich mich dann immer noch einzigartig und wertvoll?« Wenn du diese letzte Frage aus tiefster Überzeugung mit »Ja« beantworten kannst, dann hast du alles richtig gemacht.

In extremen Fällen zeigt sich diese nach außen dargestellte Selbstsicherheit auch in Form von Überheblichkeit, Dominanz, Arroganz und Unnahbarkeit. Auf ihrem Weg zum nächsten Gipfel nutzen Blendertypen Beziehungen zu anderen Menschen als eigenes Sprungbrett. Sie haben meist ein sehr stark ausgeprägtes Ego. Wer an starkem Egoismus leidet, überschätzt sich jedoch häufig, kann seine eigenen Schwächen nicht reflektieren und versucht diese dann durch ein überhebliches, arrogantes Auftreten zu kaschieren. Im Vordergrund steht dabei immer, die persönlichen Wünsche und Ziele zu erreichen. Ob dabei andere Personen zurückstecken müssen oder sogar in ihren Zielen behindert werden, berührt diese Menschen meist nicht besonders. Wer unter starkem Egoismus leidet, handelt also nach dem Ellenbogenprinzip und nimmt wenig bis keine Rücksicht auf andere. Häufig haben diese Menschen auch narzisstische Eigenschaften und fühlen sich anderen gegenüber überlegen.

Bei Narzissmus handelt es sich um eine krankhafte Persönlichkeitsstörung, bei der Betroffene Charaktereigenschaften aufweisen, die dem Egoismus sehr ähnlich sind. Bei Narzissten jedoch wird die Selbstliebe krankhaft zelebriert. Sie leben in ihrer eigenen Welt, in der sich alles nur um sie selbst dreht. Der krankhafte Narzisst hält sich für großartig, ohne jedoch wirklich Großartiges zu leisten. Narzissten besitzen trotz der krankhaften Eigenliebe ein geringes Selbstwertgefühl und werden von Minderwertigkeitskomplexen geplagt. Diese Minderwertigkeitskomplexe wurden, wie bereits erwähnt, meist in der frühen Kindheit durch abweisendes Verhalten der Eltern begünstigt, denen der spätere Narzisst nie gerecht werden konnte. Aus diesem Grund suchen Narzissten immerzu den direkten Vergleich mit anderen.

Im beruflichen Zusammenhang kann sich der Blendertyp wie folgt darstellen:

- Meistens ist er nicht teamfähig, da es ihm schwerfällt, andere Standpunkte und Meinungen zu akzeptieren.
- Er hat den Zwang, sich immer in den Mittelpunkt zu drängen und Lob und Anerkennung für sich allein zu beanspruchen. Häufig werden auch die Erfolge von anderen Kollegen als die eigenen dargestellt.
- Er kann anderen Menschen gegenüber Lob und Wertschätzung nur schwer bis gar nicht ausdrücken.
- Intoleranz und fehlende Empathie gegenüber Vorgesetzten, Kollegen und Kunden können zu Konflikten und Problemen führen.
- Unter Druck und Stress entwickelt er häufig einen Tunnelblick. Er ist nur noch auf sein Ziel fokussiert und blickt weder nach links noch nach rechts.
- Aufgrund fehlender Empathie kann die Person nicht zuhören und sich nur sehr schwer in die Lage von anderen Menschen hineinversetzen. Die eigene Idee muss um jeden Preis durchgesetzt werden.

Du siehst: Schlechtes Selbstwertgefühl kann sich auf völlig konträre Arten äußern. Doch es gibt nicht nur Narzissten, Egoisten, Harmoniesüchtige und eingeschüchterte graue Mäuse, sondern auch zahlreiche Zwischenformen. Selbst

Menschen mit eigentlich gesundem Selbstbewusstsein tragen häufig Anteile der einen oder anderen Störform in sich. Du kannst dein Umfeld daher nicht einfach in Schwarz und Weiß, also »gesund« und »krank«, einteilen. Doch ein bisschen Hintergrundwissen und etwas mehr Achtsamkeit gegenüber diesem Thema wird dir im Berufs- und Privatleben bei vielen Menschen die Augen öffnen. Vielleicht sogar bei dir selbst.

Schlechtes Selbstwertgefühl bedeutet aber nicht, dass es nicht möglich ist, viel zu erreichen und sich ein erfolgreiches Leben aufzubauen. Ganz im Gegenteil. Viele Menschen verwenden ihre ganze Energie dafür, erfolgreich zu sein, obwohl sie sich unzulänglich fühlen oder glauben, nichts wert zu sein. Die meisten Menschen vermissen ein ganzes Leben lang die Anerkennung und Wertschätzung der wichtigsten Person in ihrem Leben. Diese Person sind sie selbst. Sie haben es in der Kindheit meist nicht gelernt, sich anzuerkennen. *Viele strengen sich ein ganzes Leben lang an, um wertvoll zu sein, und vergessen dabei, dass sie es bereits sind, denn wir alle werden als einzigartige Wesen geboren.* Beim »wahren« Selbstwert geht es darum, uns so zu achten, zu schätzen und zu lieben, wie wir sind, ohne ständig das Gefühl zu haben, sehr viel dafür tun zu müssen, um anerkannt und wertgeschätzt zu werden.

Ein gesunder Selbstwert und Selbstliebe haben nichts mit Egoismus zu tun

Manchmal bekomme ich die Frage gestellt: Kann man zu viel Selbstwertgefühl haben? Ist es nicht egoistisch, sich selbst zu loben? Nein, kann man nicht. Man kann auch nicht zu gesund sein oder ein zu gesundes Immunsystem haben. Das

Selbstwertgefühl wird oftmals mit Arroganz, Egoismus oder Wichtigtuerei verwechselt. Das sind allerdings Eigenschaften, die nicht auf zu viel, sondern auf zu wenig Selbstwertgefühl zurückzuführen sind. Der egoistische, selbstsüchtige Mensch liebt sich selbst *nicht*. Er wird von Angst und Mangeldenken gesteuert und hat sein Herz für die Liebe verschlossen. Für die Liebe zu sich selbst und für die Liebe zu anderen Menschen. Er ist getrieben von Leistungsdenken und vom Gefühl, nicht genug zu bekommen. Er glaubt, er müsse für das kämpfen, was ihm zusteht, und fährt dabei seine Ellbogen aus, um sich einen/seinen Vorteil zu verschaffen. Solche Menschen tragen dieses scheinbar unerschütterliche Selbstbewusstsein durch die Welt, bis hin zur Überheblichkeit oder Arroganz. Sie sind laut, auffällig, häufig werden sie jedoch von ihrem Umfeld auch als charmant und beliebt wahrgenommen – zumindest so lange, bis die Fassade zu bröckeln beginnt, hinter welcher man meist nicht viel Erfreuliches findet. Dieses scheinbar gespielte Selbstbewusstsein verschleiert nämlich in Wahrheit nur einen tiefsitzenden Minderwertigkeitskomplex und den mangelnden Selbstwert unter der Oberfläche. Und wer sich selbst keinen Respekt entgegenbringen kann, der kann sich auch gegenüber seinem Umfeld nicht respektvoll verhalten.

Selbstliebe und Wertschätzung der eigenen Person wird häufig mit Egoismus und Selbstsucht verwechselt. Genau das Gegenteil ist der Fall. Menschen, die sich selbst lieben und wertschätzen, sind ein Geschenk für ihr Umfeld. Denn sie übernehmen die Verantwortung für ihr Lebensglück selbst und hören auf, es von anderen zu erwarten. Somit entlasten sie ihr Umfeld und jede Begegnung mit so einem Menschen wird zur Bereicherung. (Auf das Thema »gesunder Egoismus« gehe ich im nächsten Kapitel noch näher ein.) Gönne es dir innezuhalten, um dieses Geschenk der Einzigartigkeit nicht nur in dir selbst, sondern auch in den vielen wertvollen Mitmenschen um dich herum zu erkennen.

Wenn du ein Kind fragst: »Was findest du toll an dir?«, dann musst du dir für die Antwort lange Zeit nehmen, weil es so viel zu erzählen hat. Ein Kind kommt völlig wertfrei auf die Welt und liebt sich bedingungslos. Natürlich denken Kinder auch an die anderen. An Mama und Papa, an die Großeltern, die Freunde und so weiter. Jedoch in der richtigen Reihenfolge. Erst ich, dann du. Im Laufe der Zeit lernen wir jedoch von den »Großen«, dass es »Peter und ich« heißt und nicht »ich und Peter«. Auch wenn das im Sinne der Höflichkeit gut gemeint ist, kann sich das auf Dauer problematisch auswirken. Denn wenn ich immer den anderen an die erste Stelle setze, vernachlässige ich unter Umständen meine eigenen Bedürfnisse.

IMPULS für deinen starken Selbstwert
Nur ein Mensch in deinem Leben kann dir das Gefühl vermitteln, etwas Besonderes zu sein: du selbst! Werde jeden Tag ein Stück stolzer auf dich und sei die beste Version deiner Selbst. Zeige dir diese Wertschätzung in vielen kleinen Gesten. Feiere deine Erfolge und behandle dich selbst mit höchster Achtung und Respekt. Denn nur so ist es möglich, die Stärken und die Einzigartigkeit in anderen Menschen zu erkennen.

Kapitel 3

Es wird mit dir gemacht, was du mit dir machen lässt

Wenn du es immer allen anderen recht machen willst, wirst du stets auf eine Person vergessen – auf dich selbst!

Gesunde Grenzen zu setzen ist sehr eng mit einem gesunden Selbstwert beziehungsweise mit Selbstliebe verbunden. Es ist wichtig, dass wir ein klares *Ja* oder ein klares *Nein* leben. Wir alle brauchen in unserem Leben Grenzen. Wir müssen definieren, wo wir beginnen und wo wir enden. Wir müssen in unseren Beziehungen Klarheit darüber schaffen, was wir akzeptabel finden und was nicht, womit wir leben können und was wir nicht tolerieren werden. Wir Menschen haben alle unsere Grenzen. Diese definieren sozusagen unser persönliches Hoheitsgebiet. Und wir allein bestimmen innerhalb dieses Hoheitsgebiets, was erlaubtes oder nicht erlaubtes Verhalten ist. Hast du dich schon mal gefragt, warum andere permanent deine Grenzen überschreiten und du es einfach nicht schaffst, dich dagegen zu wehren? Es sind nicht die anderen, die dich absichtlich ausnutzen und überfordern.

Du bist es, die sich ausnutzen und überfordern *lässt.* Keine Angst – du bist nicht die Einzige, der das so geht. Viele Menschen haben ein Problem damit, ihre Grenzen zu erkennen und zu verteidigen.

Oft akzeptieren wir es einfach, dass andere unsere Grenzen überschreiten, und reagieren innerlich mit Bitterkeit, weil wir nicht den Mut haben, es offen auszusprechen. Es ist eine Herausforderung, Grenzen zu setzen und sich auch daran zu halten. Das bedeutet, dass wir eine grundsätzliche Linie haben sollten und uns nicht davon beirren lassen dürfen, was andere darüber denken, was wir zu wünschen oder akzeptieren haben. Wir müssen auf uns selbst achten. Wir sollten unser Gegenüber immer mit Respekt und Wertschätzung behandeln, aber wir dürfen klar mitteilen, was akzeptabel ist und was nicht. Wenn wir keine Grenzen setzen, führt das unweigerlich zu einem inneren Konflikt. Viele sagen »Ja«, obwohl sie »Nein« meinen, weil sie große Angst vor Ablehnung haben oder davor, andere Menschen zu enttäuschen.

Wir nehmen uns zurück, weil wir uns stets Gedanken darüber machen, wie andere reagieren könnten: »Was wird sie von mir denken, wenn ich sie nach dem Vortrag einfach anspreche?«, »Was wird er von mir denken, wenn ich ihm sage, dass ich keine Lust habe, mit ihm auszugehen?«, »Was wird sie (die Verkäuferin) von mir denken, wenn ich, ohne etwas zu kaufen, wieder gehe?«, »Was wird der Chef von mir denken, wenn ich ihm sage, dass ich keine Überstunden machen will?« oder »Was wird der Kellner denken, wenn ich ihm sage, dass das Essen nicht geschmeckt hat?« Die Angst vor Ablehnung und Zurückweisung ist die wohl häufigste Angst von Menschen. Wieder ein Gefühl, das bereits in der Kindheit entsteht.

Ich habe selbst jahrelang schnell »Ja« gesagt. Auch für die Probleme der anderen Menschen hatte ich immer ein offenes Ohr. Bis ich gemerkt habe, dass mich das müde und erschöpft macht. Da wusste ich plötzlich, ich muss für mich eine Entscheidung treffen, und ich habe gelernt, »Nein« zu sagen. Ironischerweise fühlt man sich in der Gegenwart von Menschen mit klaren Grenzen wohl, denn da weiß man, woran man ist. Das kann man auch bei Kindern gut beobachten, denn Kinder fordern gesunde Grenzen.

Jetzt ist die Zeit da, um unsere gesunden Grenzen zu festigen, wir haben einen Anspruch darauf. Gesunde Grenzen sind die Werte, die uns definieren, und daraus entsteht eine gesunde Selbstachtung. Sie machen stark. Wer sich selbst als die wichtigste Person in seinem Leben betrachtet und sich aktiv darum kümmert, was diese in ihrem Leben erschaffen will, der wird zum leuchtenden Vorbild für viele Mitmenschen, die noch in den alten, einschränkenden Überzeugungen gefangen sind. Menschen, die sich klein und minderwertig fühlen und ihr Leben nicht selbst in die Hand nehmen, ziehen Menschen in ihr Leben, die sie kontrollieren, dominieren, ausnutzen und manipulieren.

Es ist natürlich gut, sich um andere Menschen und ihre Gefühle zu kümmern. Es ist aber auch genauso wichtig, dass wir gut auf uns selbst achten. Manchmal müssen wir eine Entscheidung treffen, um für uns selbst Sorge zu tragen. Viele von uns haben das Programm aus der Kindheit, »sich immer um andere kümmern zu müssen«, tief in sich verankert. Fürsorge ist gut, doch übertriebene Fürsorge kann andere Menschen daran hindern, in die eigene Verantwortung zu kommen, denn letztendlich ist jeder für sich selbst verantwortlich. Wir können andere Menschen unterstützen, ihnen jedoch ihre Lernerfahrungen nicht abnehmen. Dazu möchte ich dir eine Geschichte erzählen:

Die Lektion eines Schmetterlings

Eines Tages erschien eine kleine Öffnung in einem Kokon; ein Mann beobachtete den zukünftigen Schmetterling für mehrere Stunden, wie dieser kämpfte, um seinen Kör-

per durch jenes winzige Loch zu zwängen. Dann plötzlich schien er nicht mehr weiterzukommen. Es schien, als ob er so weit gekommen war, wie es ging, aber jetzt aus eigener Kraft nicht mehr weitermachen konnte. So beschloss der Mann, ihm zu helfen: Er nahm eine Schere und machte den Kokon auf. Der Schmetterling kam dadurch sehr leicht heraus. Aber er hatte einen verkrüppelten Körper, er war winzig und hatte verschrumpelte Flügel.

Der Mann beobachtete das Geschehen weiter, weil er erwartete, dass die Flügel sich jeden Moment öffnen, sich vergrößern und sich ausdehnen würden, um den Körper des Schmetterlings zu stützen und ihm Spannkraft zu verleihen. Aber nichts davon geschah! Stattdessen verbrachte der Schmetterling den Rest seines Lebens krabbelnd mit einem verkrüppelten Körper und verschrumpelten Flügeln. Niemals war er fähig zu fliegen.

Was der Mann in seiner Güte und seinem Wohlwollen nicht verstand, war, dass der begrenzende Kokon und das Ringen, das erforderlich ist, damit der Schmetterling durch die kleine Öffnung kommt, der Weg der Natur ist, um Flüssigkeit vom Körper des Schmetterlings in seine Flügel zu befördern. Dadurch wird er auf den Flug vorbereitet, den er antritt, sobald er seine Freiheit aus dem Kokon erreicht hat. Manchmal ist dieses Ringen genau das, was wir in unserem Leben benötigen, um unsere eigene Stärke zu entfalten! Wenn wir durch ein Leben ohne Hindernisse gehen dürften, würde es uns lahmlegen. Wir wären nicht so stark, wie wir sein könnten, und niemals fähig zu fliegen.

Das sollten wir uns immer wieder vor Augen führen, wenn wir Menschen in unserem Umfeld retten wollen oder es uns schwerfällt, anzuerkennen, dass diese gar nicht bereit sind – aus welchem Grund auch immer – diese Hilfe anzunehmen.

Nimm dich deshalb selbst sehr wichtig und stelle dich in das Zentrum deines Lebens. Sorge gut für dich und konzentriere dich auf das eigene Wohlergehen. Wer selbstzentriert lebt und dafür sorgt, dass es ihm physisch, emotional, mental und spirituell gut geht, der ist auch ein Segen für alle anderen. Diese Haltung ist also gerade das Gegenteil von Egoismus; sie ist ein Ausdruck von Selbstliebe und Wertschätzung. Lasse alle Zweifel los, die dich daran hindern, für deine Interessen einzutreten. Gehe sehr sorgsam mit dir um und lasse zu, dass andere dich genauso behandeln.

Ein »Ja« zu dir verlangt ein klares »Nein« zu allem, was dich von dir trennt und runterzieht.

Kümmere dich um dich selbst, so wie du es für andere tun würdest. Mach es dir gemütlich in deinem Leben, lass es dir so richtig gut gehen und umgib dich mit schönen Dingen, die dir Kraft schenken. Triff dich mit Menschen, die dich schätzen, und lass die Menschen weiterziehen, die dir nicht guttun. So löst du die Abhängigkeiten und Erwartungen. Durch Selbstbestimmung und Unabhängigkeit schaffst du ein neues Resonanzfeld für glückliche Erfahrungen.

Deinen Wert bestimmen nicht andere, sondern du selbst

Jeder von uns hat Werte, nach denen er handelt und sein Leben ausrichtet. Es geht dabei um Eigenschaften, Tugenden oder Wertvorstellungen, die wir als wertvoll und erstrebenswert erachten. Diese Prinzipien geben uns Sinn und dienen als Orientierungshilfe. Sie haben großen Einfluss darauf, ob wir uns durch unser Handeln gut oder schlecht fühlen. Zu den beliebtesten Werten zählen Ehrlichkeit, Liebe, Treue, Freiheit, Toleranz, Zuverlässigkeit, Hilfsbereitschaft. Triffst du deine Entscheidungen in Übereinstimmung mit deinen Werten, fühlst du dich gut. Handelst du gegen deine Werte, fühlst du dich unwohl. Deine »innere Stimme« und dein Bauchgefühl lassen dich das auch spüren. Wenn du nicht nach deiner Wahrheit lebst und deinen Werten nicht treu bist, bist du nicht authentisch. Unsere eigene Wertevorstellung ist in unserem Unterbewusstsein verankert und in erster Linie geprägt von unseren Eltern. Was sie als wichtig empfanden, haben sie an uns weitergegeben. Später haben Schule, Freundeskreis, Arbeitskollegen oder Partner einen großen Einfluss auf unser Wertesystem. Aber um ein selbstbestimmtes, erfülltes Leben zu führen, ist es wichtig, dass du deine eigenen Werte kennst. *Ein gesundes Selbstwertgefühl entwickelst du immer dann, wenn du für deine Werte einstehst und nach ihnen lebst, unabhängig von der gesellschaftlichen Meinung.* Frage dich deshalb ehrlich, ob dich das Leben, das du gerade lebst, glücklich macht oder ob du nur die Erwartungshaltungen anderer erfüllst. Höre auf, eine Kopie zu sein und nach links oder rechts zu blicken. Du bist nicht hier, um es allen recht zu machen, sondern in erster Linie, um dir dein eigenes glückliches und selbstbestimmtes Leben zu erschaffen.

Damit das auch gelingt, ist es wichtig, dass du dir in Ruhe Gedanken machst, nach welchen Werten du leben möchtest. Was ist dir persönlich wichtig? Sieh dir als kleine Hilfestellung dazu folgende Übung an.

ÜBUNG

Notiere deine wichtigsten zehn Werte und überprüfe, ob das auch tatsächlich deine sind oder ob du diese vielleicht aus deinem Elternhaus, der Schule, dem Freundeskreis oder von deinem Partner übernommen hast. Gern biete ich dir hier eine kleine Auswahlhilfe. Versuche jeden deiner Werte genau zu beschreiben. Was bedeutet er für dich? Warum ist er wichtig? Überlege dir auch, ob und wie du diesen Wert bereits lebst.

Wertetabelle

Achtsamkeit	Ernsthaftigkeit	Gutherzigkeit
Abenteuer	Ehre	Großzügigkeit
Achtung	Einfluss	Güte
Agilität	Empathie	Glaube
Ansehen	Entscheidungs-freude	Gesundheit
Anstand	Erfolg	gute Laune
Aufgeschlossenheit	Fantasie	Geselligkeit
Aufmerksamkeit	Freiheit	Herzlichkeit
Authentizität	Freude	Harmonie
Anteilnahme	Flexibilität	Hingabe
Aufrichtigkeit	Fleiß	Hilfsbereitschaft
Ausdauer	Freundlichkeit	Höflichkeit
Begeisterung	Freundschaft	Humor
Beharrlichkeit	Fröhlichkeit	Innovation
Behutsamkeit	Fürsorglichkeit	Intelligenz
Bescheidenheit	Friedfertigkeit	Integrität
Beständigkeit	Gastfreundschaft	Interesse
Besonnenheit	Geduld	Kameradschaft
Bildung	Gelassenheit	Kompetenz
Courage	Gefasstheit	Konsequenz
Dankbarkeit	Gehorsamkeit	Kreativität
Demut	Gemütlichkeit	Kontrolle
Diskretion	Genügsamkeit	Klugheit
Disziplin	Gerechtigkeit	Lebensfreude
Ehrfurcht		Leichtigkeit

Leidenschaft
Lernen
Loyalität
Menschlichkeit
Mitgefühl
Mut
Macht
Nachsichtigkeit
Nächstenliebe
Nachhaltigkeit
Nähe
Neutralität
Offenheit
Optimismus
Ordnung
Offenherzigkeit
Passion
Pflichtgefühl
Präsenz
Professionalität
Ruhm
Sanftmut
Selbstachtung
Selbstbewusstsein
Selbstbeherrschung
Selbstvertrauen
Selbstliebe
Selbstdisziplin
Selbständigkeit
Sicherheit
Stärke
Sorgfalt
Solidarität
Standhaftigkeit
Tapferkeit
Toleranz
Teamgeist
Tradition
Treue
Transparenz
Tüchtigkeit
Umsicht
Unabhängigkeit
Umweltschutz
Unbestechlichkeit
Uneigennützigkeit
Unerschütterlichkeit
Unvoreingenommenheit
Veränderungsbereitschaft
Vergebung
Vergnügen
Vertrauen
Verlässlichkeit
Wahrhaftigkeit
Wachstum
Willenskraft
Würde
Weisheit
Weltoffenheit
Wohlwollen
Zärtlichkeit
Zugehörigkeit
Zuneigung
Zielstrebigkeit
Zurückhaltung
Zuverlässigkeit
Zuversicht

1. ____________________
2. ____________________
3. ____________________
4. ____________________
5. ____________________
6. ____________________
7. ____________________
8. ____________________
9. ____________________
10. ____________________

Die Werte, an die wir uns halten, halten uns.

Du wirst sehen, je häufiger du auf deine inneren Impulse hörst, desto stärker wirst du vor anderen auftreten und für deine Werte einstehen. Wer sich ständig für »andere aufopfert«, den mögen die Leute zwar, weil es bequem ist. Doch je mehr wir uns für andere »aufopfern«, desto mehr rücken unsere eigenen Wünsche und Bedürfnisse in den Hintergrund. Wir sollten den Menschen in unserem Umfeld klarmachen, dass sie sich an unsere Wünsche anpassen dürfen und nicht umgekehrt, andernfalls bleibst du in der breiten manipulierbaren Masse, mit der andere machen können, was sie wollen. Du lässt dich sonst unbewusst »freiwillig« manipulieren und das bleibt nicht ohne Folgen für dich und deine Persönlichkeit. Denn daraus resultiert wiederum der ungesunde Zwang, sich ständig mit anderen vergleichen zu wollen. Es ist deshalb wichtig zu wissen, was du willst, und dies auch zu kommunizieren. Es ist ein erhebendes Gefühl, wenn du nach deinen eigenen Prinzipien und Werten lebst und für diese einstehst. Damit wertest du dich selbst auf, schenkst dir mehr Respekt und Wertschätzung. Trage also deine neu gewonnene Stärke und dein Selbstvertrauen nach außen, denn es gibt Grund genug dazu. Die Menschen sehnen sich nach Persönlichkeiten, die Stärke und Selbstbewusstsein demonstrieren und sich von den vielen »Wankelmütigen« abheben. Nicht Harmonie um jeden Preis, sondern Geradlinigkeit und Konsequenz, dafür werden die Menschen dich mögen und vor allem du dich selbst.

Distanziere dich von »Energievampiren«

Den wichtigsten Einfluss auf dein Denken und Fühlen haben immer Menschen in deiner Umgebung. Erfolgreiche Personen machen es sich deshalb zu einer lebenslangen Gewohnheit, sich mit positiven, inspirierenden Persönlichkeiten zu umgeben. Ich persönlich bin von dieser These überzeugt, weil man sich absichtlich oder unabsichtlich an die Menschen im Umfeld anpasst. Ich habe mich in meinem Leben bewusst von Menschen distanziert, die ständig jammern und in ihrer Opferhaltung bleiben möchten, eine grundsätzliche negative Lebenseinstellung haben und mir dadurch meine wertvolle Lebenszeit und Energie kosten. Früher hatte ich manchmal das Gefühl, als wenn mir gewisse Menschen die Energie mit ihrer Negativität regelrecht ausgesaugt hätten. Den Umgang mit solchen »Energievampiren« sollten wir deshalb tunlichst vermeiden. Sei dir jedoch bewusst, dieser Rückzug kostet Kraft, Mut und Disziplin, denn oftmals haben solche Menschen auch manipulative Eigenschaften, indem sie uns im Falle eines Rückzuges ein schlechtes Gewissen einreden. Sie wollen uns häufig von unserem Weg abbringen, unsere Träume zu erreichen, weil sie vielleicht selbst nicht die Kraft und den Mut haben, die eigene Komfortzone zu verlassen oder Veränderungen im Leben vorzunehmen. Meistens steckt hier keine böse Absicht dahinter, denn viele dieser Menschen sind sich ihrer Muster und Verhaltensweisen nicht bewusst. Sie möchten uns beschützen oder uns nicht verlieren. Wenn ich dir nun rate, dich von »Energievampiren« zu distanzieren, dann geht es nicht darum, vollkommen egoistisch zu handeln, Menschen vor den Kopf zu stoßen und abrupt den Kontakt abzubrechen. Entwickle einfach ein feines Gespür dafür, wer dir guttut und wer für deine Entwicklung dienlich ist und dich in deiner vollen Größe annehmen kann, wie du bist.

Mit wem du dich umgibst, sagt sehr viel darüber aus, an wem du dich orientierst. So stelle ich in meinen Firmentrainings immer wieder fest, dass »Jammerer« sich sehr gern zu Gleichgesinnten gesellen. Dann können sie sich solidarisieren und sich gemeinsam über Kollegen, den Chef oder über Aktionen, die schlecht laufen, austauschen. Sie sind oft schon happy, wenn sie jemanden finden, bei dem es noch schlechter läuft als bei ihnen, denn dann fühlen sie sich nicht mehr so allein gelassen in ihrem Klagen. »Jammerenergie« ist ansteckend und kann ein ganzes Team befallen. Deshalb empfehle ich in meinen Seminaren, solchen »Energieräubern« ein innerliches Stoppschild aufzustellen und nicht mehr mitzumachen, denn man wird für Jammerer schnell uninteressant, wenn man ihr Klagen nicht unterstützt, und sie suchen sich ein neues »Opfer«, von dem sie Energie beziehen können.

Die folgende Übung soll dich dafür sensibilisieren, um dich in Zukunft bewusster dafür zu entscheiden, mit wem du deine wertvolle Lebenszeit verbringst beziehungsweise wem du diese »schenkst«.

ÜBUNG Umfeldanalyse

Frage dich, wer sind die sieben Menschen in deinem Leben, mit denen du am meisten Zeit verbringst? Bewerte sie auf einer Skala von 1 bis 10. 1 bedeutet, dass dir jemand gar nicht guttut und 10 ist für Personen, die für dich unverzichtbar sind. Stelle sie dir vor deinem geistigen Auge vor. Menschen, die dir guttun, spürst du, denn auf diese Menschen freust du dich, wie zum Beispiel auf deine Herzensmenschen, den Partner oder die beste Freundin. Der Umgang mit diesen Menschen erwärmt dein Herz. Dort ist die Kommunikation auf Augenhöhe und wir können uns bedingungslos öffnen. Geben und Nehmen sind im Einklang. Vergib aber auch eine Note für die Menschen in deinem Umfeld, die dir Energie rauben. Auch das fühlst du, denn auf diese Menschen freust du dich nicht. Falls es viele Menschen in deinem Umfeld gibt, für die du eine Eins vergibst, so rate ich dir, dich von diesen Menschen zurückzuziehen, denn das sind klassische »Energievampire«. Nach der Begegnung mit solchen Menschen fühlen wir uns müde, ausgebrannt und leer und wissen oft gar nicht so recht, warum. Pflege stattdessen den Kontakt zu Menschen mit einer positiven Lebenseinstellung. Menschen, die in ihrem Handeln Vorbilder für andere sind und die in ihrem Leben etwas bewegen.

Name	Bewertung

Für mich war diese Übung in einer meiner Ausbildungen eine sehr ernüchternde Erkenntnis. Denn als Harmoniemensch war ich immer für alle da und erreichbar und hatte stets ein offenes Ohr für die Probleme der Menschen in meinem Umfeld, bis ich selbst nicht mehr konnte und erkennen durfte, dass mich mein »offenes Ohr für andere« an die Grenzen meiner Belastbarkeit brachte. Es handelte sich unter anderem bei mir um meine geliebten Geschwister. Meine Schwester, die in eine schwere Depression schlitterte, und mein Bruder, der nach einer gescheiterten Ehe in eine schwere Lebenskrise stürzte. Nahestehende, geliebte Menschen leiden zu sehen und nicht helfen zu können, weil die Betroffenen die Hilfe nicht annehmen können oder wollen, ist wohl eine der schwersten Lektionen, dich ich in meinem Leben zu bewältigen hatte.

Wenn du durch diese Übung erkannt hast, dass es Beziehungen und Freundschaften in deinem Umfeld gibt, die dir nicht guttun beziehungsweise sogar schädlich für dich sind, und du bereits vergeblich versucht hast, das Störende zu klären, solltest du den Mut haben, diese zu beenden. Du musst nicht gleich Menschen vor den Kopf stoßen und es muss auch nicht gleich zu einem dramatischen Gespräch führen. Ziehe dich erst mal dezent zurück und gib der Beziehung keine neue Nahrung – oftmals schläft sie dann von selbst ein. Falls ein dezenter Rückzug nichts nutzt, ist es erforderlich, Klartext zu reden. Dabei sollten wir unser Gegenüber immer so behandeln, wie wir selbst es uns von ihm gewünscht hätten, nämlich wertschätzend und mit Respekt. Doch vielmehr solltest du dich fragen, warum dich Menschen in deinem Umfeld abwerten beziehungsweise warum man dir bewusst oder unbewusst die Wertschätzung verweigert.

Schlecht behandelt zu werden ist ein Verhalten, das uns in unserem privaten und beruflichen Alltag leider viel zu häufig begegnet. Vielleicht ist es dein Partner, eine Freundin, ein Arbeitskollege oder es sind deine Eltern, die nicht in der Lage sind, dich so wertschätzend zu behandeln, wie du es verdienst. Selbstredend – es ist nicht einfach, ein positives Selbstwertgefühl zu erhalten, wenn Menschen in unserem Umfeld uns schlecht behandeln oder versuchen, uns kleinzumachen. Bestimmt kennst auch du in deinem Umfeld Menschen, die andere immer schlechtmachen oder mit ihrem Verhalten abwerten. Manchmal handelt es sich nur um kleine Abwertungen in Form von Respektlosigkeit, die man relativ schnell überwinden kann. Aber es gibt auch sehr verletzende und lang andauernde Abwertungen, die psychisch und physisch krank machen können. Niemand kann es solchen Nörglern recht machen und sie finden immer Gründe, Menschen in ihrem Umfeld als unwissend und inkompetent bloßzustellen. Der Grund für minderwertschätzende Behandlung anderer Menschen ist fast immer ein schlechtes

Selbstwertgefühl. Menschen, die andere abwertend behandeln, fühlen sich durch ihr Verhalten überlegen. Der Nörgler fühlt sich selbst stärker, wenn er auf andere Macht ausüben kann. Hier gilt folgende Grundregel: *Niemand kann dir deinen Selbstwert nehmen, wenn du es nicht zulässt.* Ab heute entscheidest du darüber, dich in Zukunft nicht mehr schlecht behandeln zu lassen. Ganz egal, was man dir sagt. Du weißt, wer du bist, und deshalb darfst du dich auch mutig verteidigen. Stelle deinen Selbstwert niemals infrage, nur weil andere Menschen dich minderwertschätzend behandeln.

In meinen Trainings zeige ich als bildhaftes Beispiel dafür einen Hunderteuroschein, der 100 Euro wert ist. Zuerst verändere ich die Form, indem ich ihn falte, – er bleibt immer noch 100 Euro wert. Wenn dieser Schein seine äußere Form verändert, bleibt er folglich immer noch gleich viel wert. Beim Schein wissen wir das. Wenn wir selbst aber unser Erscheinungsbild verändern und nicht mehr der perfekten gesellschaftlichen Norm entsprechen, glauben wir, dass wir weniger wert sind. Anschließend steige ich auf den Schein drauf und siehe da, der Schein ist immer noch 100 Euro wert. Wenn unser Umfeld jedoch sinnbildlich auf uns »draufsteigt« und uns erniedrigt, glauben wir, dass wir dadurch weniger wert sind. Danach frage ich meine Teilnehmer, ob der Schein mehr wert ist, wenn wir ihn in eine Markengeldbörse stecken – natürlich nicht. Bei Menschen in unserem Umfeld sind viele jedoch anderer Meinung. Sie glauben, wenn jemand sich mit besonderen Marken kleidet, ist er dadurch ein wertvollerer Mensch. Beim Geldschein wissen wir es, bei uns selbst stellen wir das jedoch viel zu häufig infrage und lassen uns auch viel zu oft von der äußeren Scheinwelt blenden und täuschen.

IMPULS für deinen starken Selbstwert

Je weiter du dich von dir selbst entfernst, um anderen nah zu sein oder es ihnen recht zu machen, desto einsamer wirst du dich fühlen. Du kannst dich nicht selbst verlassen und gleichzeitig wahre Verbindung zur Außenwelt spüren. Anstatt darauf zu achten, was andere von dir erwarten, sei dir selbst treu und führe dein Leben in einer inneren Stimmigkeit mit dir selbst. Lass es sein, allen Menschen gefallen zu wollen.

Kapitel 4

Digitalisierung als Gefahr für unseren Selbstwert

Du bist auch ohne Likes und Follower wertvoll!

Wir alle sehnen uns danach, bedingungslos geliebt zu werden, so wie wir sind – ohne Wenn und Aber – und genau das ist in der Onlinescheinwelt schwer bis gar nicht möglich. Unser Marktwert wird nach Followern, Likes und Kommentaren beurteilt. Die harte Selektion der auf Ranking basierenden Onlinewelt hat somit nichts mit bedingungsloser Liebe zu tun. Im Gegenteil, denn wer nicht perfekt im Sinne der Algorithmen performt, der wird abgewertet und bekommt weniger Beachtung. Zudem sind wir ständig mit überglücklichen, erfolgreichen Menschen konfrontiert, die dabei auch noch gut aussehen, in Wahrheit aber oft nur eine Scheinwelt und ihr »Happy Life« vortäuschen. Bearbeitete Bilder sind praktisch Standard und für manche bedeutet es einen enormen Druck, innerhalb dieses ständigen Vergleichskampfes bestehen zu müssen. Viele, vor allem auch Jugendliche, definieren ihren Wert vorrangig nach dem äußeren Erscheinungsbild und nach Likes und Followern. Und wer nicht den Modelmaßen der Hochglanzmagazine entspricht, fühlt sich nicht schön und wertvoll. Doch Likes und Follower sind nur ein kurzfristiger Kick und füttern das Ego, welches immer gieriger wird, denn wahre Verbundenheit und Glück bringen sie uns nicht. Und hinter einem gierigen Ego verbirgt sich fast immer ein schlechter Selbstwert, verbunden mit der tiefen Sehnsucht danach, gesehen zu werden. Doch die Suche im Außen ist vergeblich, denn wir müssen den Blick nach innen richten, sonst gehen wir auf dieser Suche leer aus.

Keine Innovation brachte so viel Veränderung innerhalb so kurzer Zeit wie die Digitalisierung. Diese bringt viele Vorteile für die Menschen. Wir sind besser erreichbar, schneller informiert und gut vernetzt. Dennoch fühlen sich viele Menschen von der digitalen Welt überfordert und gestresst. Dazu ein paar ernüchternde Zahlen: Im Schnitt verbringen wir täglich mindestens drei Stunden mit unserem Smartphone. Bis zu hundertmal am Tag unterbrechen wir unsere Tätigkeit, um unser Mobiltelefon zu checken. Die »Globale Social Media Statistik« bestätigt: Die durchschnittliche in den Sozialen Medien verbrachte Zeit beträgt weltweit 2 Stunden und 16 Minuten täglich.[7] Durch Smartphone, Laptop und Tablet sind wir ständig erreichbar, ständig informiert – und am allermeisten gestresst. Wenn wir etwas wissen wollen, fragen wir Google. Zum Essen mit Freunden verabreden wir uns über WhatsApp. Musik und Filme streamen wir online. Und ist der Akku vom Smartphone leer, bekommen wir eine Panikattacke. Schließlich könnten wir ja etwas Wichtiges verpassen. Das alles erzeugt Stress, macht uns unruhig und abhängig.

Ständige Erreichbarkeit erhöht den Druck, schnell zu reagieren, und eine hohe Informationsflut erzeugt das Bedürfnis, mehr Informationen zu konsumieren, als verarbeitet werden können. Es gibt einen Namen dafür, warum wir ständig am Bildschirm hängen: FOMO, ausgeschrieben

»Fear Of Missing Out«. Die Angst, etwas zu verpassen, wird somit zur Belastungsprobe. Sie lässt uns in jeder freien Sekunde auf das Handy starren. Wir sind so auf das Klingeln, Summen und Blinken unseres Smartphones konditioniert, dass wir auch zum Handy greifen, wenn gerade nichts passiert. Die Reizüberflutung mit ständiger Information, mit Texten, Bildern, Videos überfordert uns derart, dass wir dauernd gestresst sind – und gedanklich immer woanders, nur nicht bei uns selbst.

Lebst du schon oder likst du noch?

Alles, womit du dich umgibst, nimmt oder gibt dir Energie. Alles, was du siehst, hörst, fühlst, liest und beobachtest, wird gespeichert. Während ich dieses Buch schreibe, erleben wir gerade einen Krieg mitten in Europa – so unfassbar es ist, nur 500 km entfernt spielen sich tragische Szenen ab. Unschuldige Menschen müssen sinnlos sterben. Wir haben einen nahtlosen Übergang von der Gesundheitskrise zur nächsten humanitären Krise und es ist bei Gott nicht einfach, in Anbetracht des aktuellen Weltgeschehens positiv und zuversichtlich zu bleiben. Doch genau das ist jetzt von enormer Bedeutung und das gelingt meiner Meinung nach nur, wenn wir uns der massiven negativen Berichterstattung entziehen und den Konsum von Nachrichten auf ein absolutes Minimum reduzieren beziehungsweise am besten gleich ganz darauf verzichten. Nachrichten sind nichts anderes als eine Ansammlung von negativen Mitteilungen. Nachrichten heißen deshalb Nachrichten, damit wir uns danach richten. Wir erfahren von Krisen, Pandemien, Umweltkatastrophen, Terroranschlägen und Kriegen. Das ist nur eine kleine Auswahl von Schreckensszenarien, die uns jeden Abend frei

Haus in unser Wohnzimmer geliefert werden. Die meisten konsumieren noch vor dem Zubettgehen die Spätnachrichten, in welchen uns der Reporter mit den Negativmeldungen und einem lächelnden Gesicht eine gute Nacht wünscht. Alles, was uns in den ein bis zwei Stunden vor dem Schlafengehen beschäftigt, nehmen wir in den Schlaf mit und es kann die Schlafqualität beeinträchtigen. Hirnforscher bestätigen, dass beim Betrachten von Schreckensbildern innerhalb von einer Fünftelsekunde die Bilder von der »Alarmanlage« in unserem Gehirn, der Amygdala, überprüft werden. Erfolgt die Einstufung »Gefahr«, springt die »Alarmanlage« an und die Stressaktivierung geht los. Entscheidend ist unsere Reaktion auf die Bilder und unser Umgang damit. Und da spielen zwei Faktoren eine maßgebliche Rolle: Wie empfindlich ist unsere »Alarmanlage« eingestellt? Und wie schnell beruhigen wir uns nach der Stressaktivierung wieder und steuern gegen? Das Stresshormon Kortisol, welches als Folge der aktivierten Amygdala durchs Blut zirkuliert, kann im Gehirn an einen Bereich andocken, der für die Stressberuhigung zuständig ist: den Hippocampus. Diese Stressberuhigung ist wichtig, aber leider nicht bei jedem Menschen voll und ausreichend intakt. Wer im Mutterleib über das Kortisol der Mutter oder in den ersten zwei Lebensjahren zum Beispiel durch Vernachlässigung zu viel Kortisol abbekommen hat, bei dem ist die Beruhigung durch den Hippocampus gestört. Diese Menschen sind meist anfälliger für psychische und physische Erkrankungen.

Wer regelmäßig Negativschlagzeilen konsumiert, nährt unbewusst die Angstenergie. Wir fühlen uns immer schwächer und mutloser und ziehen Erfahrungen in unser Leben, die unsere Angst bestätigen. Hinzukommt, dass im Stressmodus die Aktivität unseres Immunsystems auf ein absolutes Minimum reduziert wird. Während meiner Ausbildung zur Mentaltrainerin habe ich bewusst für ein halbes Jahr auf Zeitungen, Fernseher und Radio verzichtet. Wir »durften«

für unsere Diplomarbeit im Internet recherchieren. Das war damals mein einziger Zugang zur »Außenwelt«. Ich war vor meiner Ausbildung schon sehr kritisch, was meinen Medienkonsum betrifft, doch nach diesem halben Jahr habe ich gespürt, wie gut es tut, sich von diesem »Massen-Mindset« zurückzuziehen. Nach meiner »Nachrichten-Abstinenz« wurde mir noch bewusster, wie tief das Niveau der Unterhaltungsindustrie gesunken ist. Das spiegelt sich im Bewusstsein unserer Gesellschaft wider. Wir achten auf unsere Ernährung, auf unsere Körper- und Gesundheitshygiene, wenn es allerdings um unseren Medienkonsum geht, sind wir nicht mehr so kritisch. Ich bezeichne es als »Seelen- und Geisteshygiene«. Diese Hygiene wird meiner Meinung nach viel zu sehr vernachlässigt. Wir sollten auch hier achtsam sein und nicht alles kritiklos übernehmen, was wir täglich in den Medien lesen oder hören, sondern gezielt hinterfragen.

Die Motivation der meisten digitalen Plattformen ist es, dass Nutzer so viel Zeit wie nur möglich auf ihnen verbringen. Klicks und Verweildauer sind dabei die Währung im digitalen Business. Das Internet verleitet allgemein dazu, sich nicht mehr so gut auf eine Sache konzentrieren zu können, da die äußeren Reize im Netz immer verlockender werden. Ein Ergebnis der Metastudie »The online brain« der World Psychiatric Association[8] ist, dass sich das sogar in der Offline-Welt mit einer kürzeren Aufmerksamkeit bemerkbar macht und die Konzentrationsfähigkeit abnimmt, was wiederum die Leistungsfähigkeit und Produktivität reduziert. Wenn das Gehirn keine Pausen zwischen den vielen neuen Informationen hat, können diese schlechter verarbeitet werden. Studien zeigen außerdem, dass sich Menschen durch den vereinfachten Zugang zu nahezu allen Informationen weniger die Informationen selbst merken, als den Ort, wo sie diese wiederfinden. Die digitalen Plattformen befeuern mit Likes, Kommentaren und Push-Nachrichten das Belohnungssystem und digitale Inhalte versuchen in der unübersichtlichen

Masse durch das Auslösen von Emotionen herauszustechen, um geklickt zu werden. Das alles erzeugt Stress, der süchtig machen kann, denn die digitalen Medien aktivieren den neuronalen Schaltkreis im Gehirn, der als Belohnungszentrum funktioniert. Die Folge ist, dass wir immer mehr von diesen »Glücksgefühlen« empfinden wollen. Bleiben diese durch Gewohnheit aus, muss die »Handy-Dosis« erhöht werden, um das gewünschte Gefühl wieder zu empfinden. Wissenschaftler reden mittlerweile bei der Smartphone-Sucht von der größten Krankheit aller Zeiten, denn wer sein Handy nicht mehr weglegen kann, ist krank. Jugendliche zwischen zehn und achtzehn Jahren finden ein Leben ohne Handy nicht mehr lebenswert, das hat mich schockiert. Diese Generation hat auch bereits einen Namen, der auf den permanent gesenkten Blick auf das Handy zurückzuführen ist. Sie wird die »Generation Kopf-unten« genannt, denn Scrollen und Wischen ist für sie quasi Dauerzustand. Letztes Jahr hielt ich einen Vortrag in einer Entzugsklinik für Jugendliche zum Thema »Mentale Stärke und Selbstwert«. Ich war überrascht, denn der Hauptteil der Betroffenen war nicht – wie von mir vermutet – drogen- und alkoholabhängig, sondern spiel- und handysüchtig. Es ist an der Zeit, diese Sucht ernst zu nehmen, denn häufig wird sie noch bagatellisiert. Die Wissenschaft warnt, denn noch nie war die psychische Gesundheit einer ganzen Gesellschaft so sehr gefährdet wie jetzt. Es ist bestätigt: Die digitale Vernetzung hat negative Auswirkungen auf die neuronale Vernetzung unseres Gehirns. Die Schaltkreise, die für Stress zuständig sind, werden aktiviert und die Schaltkreise, die für Ruhe, Konzentration und Mitgefühl zuständig sind, degenerieren. Wir verarmen quasi emotional, das merkt man auch daran, dass es »in« ist, Beziehungen via Smartphone zu beenden. Man muss sich dabei ja nicht einmal mehr in die Augen sehen.

Echte Nähe und Verbundenheit kann uns die digitale Welt nicht bieten.

Lassen wir uns gerade das reale Leben stehlen? Sind wir schutzlos den Programmierern ausgeliefert im Kampf um jede Sekunde und jeden Klick? Sind wir auf der Welt, um unsere wertvolle Lebenszeit am Handy zu verbringen? Stelle dir selbst dazu folgende Fragen:

1. Wirst du nervös, wenn sich dein Handyakku zu Ende neigt?
2. Wie fixiert bist du auf dein Smartphone?
3. Checkst du deine E-Mails stündlich?
4. Ist dein letzter Griff abends und der erste morgens zum Handy?
5. Hast du immer mehr das Gefühl, dass digitale Medien dein Leben bestimmen?
6. Fällt es dir schwer, dich zu konzentrieren beziehungsweise abschalten zu können?

Dann bist du in bester Gesellschaft. Wenn du zu den Menschen gehörst, die eine Überlastung durch Medien spüren, die sich danach sehnen, wieder einmal richtig verbunden zu sein, nämlich mit der analogen Welt, dann ist Digital Detox die Zauberformel. Es ist die Gegenbewegung, die uns vom ständigen Onlinesein »entgiftet« und vor dem digitalen Burn-out rettet. Es geht darum, das Smartphone selbstbestimmt zu nutzen, denn viele wollen den Rückwärtsgang einlegen, wieder analog sein, wenigstens häufiger. Mit Menschen reden und ihnen dabei in die Augen sehen, die Umgebung und die Natur wieder sinnlich wahrnehmen. Wir wollen wieder zurückkehren und wahre Verbundenheit von Mensch zu Mensch spüren. Es gibt sogar schon Digital-Detox-Urlaubsangebote, also Ferien ohne Smartphone – doch danach geht's bei vielen gleich weiter wie zuvor. Wer seine Nutzung im Alltag reduzieren will, der muss ein größeres Problem angehen: Er muss seine Gewohnheiten ändern und sich um seine mentale Gesundheit kümmern. Digital Detox hilft den Menschen, beim Umgang mit Smartphone und Co eine gesunde Dosis zu finden, denn wie Paracelsus schon sagte, die Dosis macht das Gift. Es geht vor allem darum, ungesunde Muster und Gewohnheiten bei der Nutzung digitaler Medien besser zu erkennen und durch gesunde Angewohnheiten zu ersetzen.

7 Tipps zur Reduktion der Smartphone-Nutzung

1. Schlafzimmer freihalten von Smartphone, Laptop und TV

So gemütlich das auch ist, im Bett fernzusehen oder am Laptop zu arbeiten: Deine digitalen Geräte solltest du aus dem Schlafzimmer verbannen. Studien zeigen, dass der Schlaf weniger erholsam ist, wenn man die Geräte vor dem Schlafen nutzt oder sie nachts blinken.

2. Einen analogen Wecker verwenden

Viele Menschen benutzen das Smartphone als Wecker, es ist praktisch und teilt uns auch mit, wie viel Zeit noch bleibt, bis der Alarm losgeht. Wenn du dazu neigst, nach dem Weckerstellen noch kurz zu gucken, was auf Facebook und Co so läuft, und am Ende merkst, dass die Schlafenszeit wieder 30 Minuten kürzer geworden ist, dann gibt es eine Lösung: Kaufe dir einen analogen Wecker, der nichts anderes kann als wecken. Dann musst du vor dem Schlafen nicht mehr auf das Display schauen. Auch nach dem Aufwachen ist es empfehlenswert, dir eine »smartphonefreie« Morgenroutine anzugewöhnen.

3. Nicht immer sofort reagieren

Dadurch dass wir jederzeit erreichbar sind, fühlen wir uns auch verpflichtet, sofort auf E-Mails und Nachrichten zu reagieren. Studien bestätigen, dass 57 Prozent der Smartphone-Nutzer von Freunden und Familie auf Nachrichten eine sofortige Reaktion beziehungsweise eine Antwort innerhalb weniger Minuten erwarten. Versuche doch einmal, dem Druck nicht zu folgen, sondern erst zu reagieren, wenn du Zeit dazu hast. Sollte etwas wirklich Wichtiges passiert sein, können dich Freunde und Familie schließlich auch telefonisch erreichen. Außerdem tut es zur Abwechslung gut, einmal etwas anderes als das Summen des Handys wahrzunehmen: Mach dir doch einfach eine warme Tasse Tee oder genieße ein Glas Wein.

4. Bewusst Zeit für deine Geräte – und bewusst Zeit ohne sie

Nimm dir einmal oder zweimal am Tag bewusst Zeit, E-Mails und Social-Media-Nachrichten zu beantworten. Erledige die Dinge, die du online machen musst, alle auf einmal. So verbringst du bewusst Zeit vor dem Bildschirm – aber auch mehr bewusste Zeit ohne.

5. Handy zu Hause lassen

Wenn du laufen oder spazieren gehst, dich mit Freunden triffst oder beim Einkaufen bist, dann lass dein Smartphone zu Hause. Wenn du es nicht dabeihast, wirst du auch nicht verleitet, ständig draufzuschauen. Das fühlt sich erst einmal ungewohnt an, ist aber letztendlich sehr befreiend!

6. Plane einen Offline-Tag ein

Die ständige Erreichbarkeit und Informationsflut löst Stress aus. Nimm dir bewusst einen Tag »digitalfrei«, am besten am Wochenende, und bleibe dann offline und freue dich über die gewonnene Lebenszeit. Verbringe den Tag mit Familie und Freunden oder auch bewusst mir dir allein. Tu dir Gutes und lies wieder einmal ein nährendes Buch, geh raus in die Natur, betreibe Sport, gönne dir eine Massage, Sauna und/oder Meditation, um deinen Alltag zu entschleunigen.

7. Geräte abschalten

Digitale Geräte sind mittlerweile so konzipiert, dass sie im Standby-Modus kaum Akku verbrauchen. Meistens laufen sie deshalb den ganzen Tag und sind so auch immer griffbereit. Wenn du deine Arbeit am Laptop erledigt hast, schalte ihn ab. Die Überwindung, das Gerät wieder einzuschalten, ist dann größer und man hinterfragt, ob es auch tatsächlich notwendig ist, es nochmals einzuschalten.

IMPULS für deinen starken Selbstwert

Gehe achtsam mit deiner wertvollen Lebenszeit um und lasse nur Gutes und Nährendes zu deinem Wesenskern vordringen.

Weniger Smartphone, Tablet & Co bedeutet mehr Zeit für das »echte« Leben. Sei dir bewusst, dass die Reduzierung der Bildschirmzeit und das bewusste Einsetzen der digitalen Medien auch vorbeugt, dass du dich in eine »Ich-bin-nicht-gut-genug-Schleife« reinziehen lässt. Digitale Entgiftung hat positive Auswirkungen auf deine körperliche und mentale Gesundheit.

Kapitel 5

Vom wunden Punkt zum Wendepunkt

**Wenn es dir gelingt,
Groll und Wut in Liebe zu verwandeln,
dann geschehen Wunder!**

Die Vergangenheit ist ein abgeschlossenes Kapitel und die Tür zum Gestern ist für immer zu. Jeder Gedanke über ein Warum, Wieso, Weshalb bringt dich nicht weiter und raubt dir nur deine wertvolle Energie. Um mit der Vergangenheit im Einklang zu sein, ist es wichtig, dass wir Menschen, die uns verletzt haben, vergeben. Die meisten von uns kennen das Gefühl, verletzt, enttäuscht oder hintergangen worden zu sein. Immer wieder hören wir in Seminaren und lesen in zahlreichen Büchern, wie wichtig es ist, sich mit der Vergangenheit zu versöhnen und unseren Mitmenschen zu vergeben. Doch bevor wir uns mit Menschen versöhnen können, ist es im ersten Schritt wichtig, dass wir unsere oft jahre- oder jahrzehntelang unterdrückten Emotionen wie Wut, Schmerz, Trauer, Angst und Ohnmacht ausdrücken dürfen und vor allem auch uns selbst all die verurteilenden Gedanken und Glaubenssätze aus unserer Vergangenheit verzeihen. Solange wir uns nicht selbst lieben, können wir auch niemandem verzeihen. Mit jeder Vergebung in der Vergangenheit findet ein Neuanfang statt.

Niemand kann beeinflussen, was einmal war. Entscheidend ist nur, wie du darauf reagierst und dass du annimmst, was nicht mehr zu ändern ist.

Mit jedem Konflikt, den du in dir heilst, bringst du auch Heilung in das Kollektiv. Wir erleben gerade eine intensive Zeit der Transformation – kein Stein bleibt auf dem anderen – als würde der Kosmos uns förmlich darauf stoßen, dass wir uns jetzt ganz dem Thema Heilung widmen und lernen, die eigene Wunde in eine Gabe zu verwandeln. Was hilft? Sich dieser Wunde zuzuwenden, sie anzunehmen und liebevoll zu pflegen, anstatt sie abzuspalten oder zu betäuben. Viele Menschen schleppen noch immer alte Verletzungen mit sich herum. Sie wurden betrogen, belogen und schlecht behandelt, von Menschen, die ihnen Liebe, Geborgenheit und Schutz hätten bieten sollen. Die Narben sitzen tief und viele sind schon schwach und müde. Sie haben oft nicht die Kraft oder den Mut, hinzuschauen beziehungsweise die Narben zu reinigen. Stattdessen kleben sie immer wieder Trostpflaster über die entzündete Stelle, ohne die Wunde zu pflegen. Bei dem einen sind es materielle Güter wie Statussymbole oder äußerlicher Erfolg. Andere füllen das Loch in der Seele mit Süchten und/oder ungesundem Essverhalten. Aber all das ist nur ein kurzfristiger Ersatz. Wer seine Wunden der Vergangenheit wirklich heilen will, muss nochmals auf den meist »verdrängten« Schmerz hinschauen. Das heißt, bereit sein, die Wunde zu reinigen. Das kann ordentlich weh tun, ja. Jedoch nur so ist langfristige Heilung möglich. Der erste Schritt zur Heilung beginnt immer mit dem Bewusstmachen der eigenen Verletzung. Natürlich schmerzt der Bewusstseinsprozess, doch dies ist ein unvermeidlicher Teil der Heilung. Wird die Wunde verdrängt, klafft sie immer wieder auf und kann nie wirklich verheilen. Zum Beispiel: Mangelt es uns an Selbstwertgefühl, versuchen wir diesen Mangel wettzumachen, indem wir immer hilfsbereit sind. So wollen wir beweisen, dass wir es wert sind, geliebt zu werden. Dadurch gehen wir das Problem nicht wirklich an – denn der wunde Punkt bleibt unbewusst. Stattdessen entwickeln wir mögliche Vermeidungsstrategien und es entsteht ein Teufelskreis.

In meinen Trainings und Coachings erlebe ich, dass sich Klienten oft selbst großen Druck aufbauen, weil sie glauben, unbedingt vergeben zu *müssen*. Das lebt uns übrigens die »Scheinspiritualität« vor, in der wir alle Probleme in Liebe, Harmonie, Frieden und am besten durch die rosarote Brille lösen sollen. Viele tun nach außen hin so, als wären sie glücklich, und verdrängen den Schmerz. Sie verleugnen diesen Schmerz häufig, indem sie Masken aufsetzen – und damit meine ich nicht jene Masken, die wir coronabedingt tragen müssen. Es ist an der Zeit, die Maske abzunehmen. Wenn wir eine »glückliche Maske« aufsetzen, ist unser Lächeln gekünstelt, es handelt sich also um ein »Scheinglück«, das Menschen fühlen, wenn sie uns begegnen. Unsere Gefühle wollen bejahend gefühlt werden. Und wir dürfen es uns auch gestatten, diese zuzulassen. Viele von uns mussten emotionale Aspekte ihres Wesens abschotten, um zu »überleben«. Viele mussten sich für ihre Gefühle schämen oder wurden gemaßregelt, meist von Menschen, denen ebenfalls beigebracht wurde, die eigenen Gefühle zu unterdrücken. Es ist Zeit anzuerkennen, dass es gut für uns ist, die eigenen Gefühle zu akzeptieren. *Unser emotionales Zentrum ist ein wertvoller Bereich unserer Persönlichkeit*, der mit unserem körperlichen Wohlbefinden, unserem Denken und unserer Spiritualität eng in Verbindung steht.

Die Wunde heilt durch Akzeptanz

Nach meinen Erfahrungen unterschätzen die meisten Menschen ihr Potenzial, sich zu verändern und zu wachsen. Viele glauben, dass das Muster von gestern auch das von morgen sein muss. Dem ist nicht so. Viele fühlen sich als Opfer der Vergangenheit und erkennen nicht die Wahlmöglichkeit, die sie jeden Tag aufs Neue haben, wenn sie bereit sind, Verantwortung für ihr eigenes Leben zu übernehmen. Der Glaube, sie seien macht- und wertlos, wird zur selbsterfüllenden Prophezeiung. Schließlich kommen wir an einen Punkt, an dem wir erkennen, dass unsere überkompensierenden Ansätze einfach nicht funktionieren. Was jedoch funktioniert, ist, sich diesem tiefen Schmerz zu stellen, ihn zu akzeptieren und die ganze Verantwortung dafür zu übernehmen. Akzeptanz ist der Schlüssel zur Heilung der Wunde. Dieser Urschmerz steigt aus dem Unbewussten, wird uns bewusst und kann nicht länger verdrängt werden. Sobald wir bereit sind, den Schmerz zu akzeptieren und Verantwortung zu übernehmen, verwandelt er sich in ein heilendes Geschenk.

Die Corona-Pandemie der letzten Jahre und der Krieg zwischen Russland und der Ukraine haben das Denken unserer Gesellschaft verändert. Viele von uns möchten etwas gegen das Leiden in der Welt unternehmen – überall sehen wir Gewalt, Armut und Umweltzerstörung. Die herausfordernde Zeit holt in uns allen Gefühle wie Ohnmacht, Angst, Hilfslosigkeit und Wut hoch, um die sich die meisten bisher kaum gekümmert haben. Und jeder von uns darf jetzt die

Verantwortung für diese Gefühle übernehmen und entscheiden, wie er mit ihnen umgehen will. Diese Gefühle kommen nicht aus dem Nichts, denn sie waren schon vorher in uns. Aus Ohnmacht und unterdrückter Wut entstehen meist aggressive Handlungen. In einem wütenden Zustand sind die meisten Menschen blind für die Wahrheit.

Es ist psychologisch erwiesen, je mehr Stress und Belastung wir empfinden, desto mehr kämpfen wir gegen uns selbst an. Für viele ist ihr gesamtes Leben ein einziger Kampf gegen sich selbst. Das ist anstrengend und führt zu nichts außer innerer Leere. Bedingungslose Selbstannahme ist die Lösung zur persönlichen Weiterentwicklung. Mich selbst anzunehmen bedeutet nicht, dass ich alles an mir gut finden muss. Selbstannahme bedeutet, dass ich zu dem, was da ist, »Ja« sage. Sie ist das Gegenteil von Leistungsdruck, Selbsthass und Selbstbetrug. Selbstannahme bedeutet, dass ich mir erlaube, meine Gefühle – die negativen und die positiven – zu fühlen und dass ich meine Stärken und auch meine Schwächen beziehungsweise Grenzen anerkenne und respektiere.

Denke nicht, dass du und die Welt zwei verschiedene, voneinander getrennte Dinge seid. Alles, was du für dich tust, das tust du auch für die Welt.

Wer etwas zum Frieden auf unserer schönen Mutter Erde beitragen will, darf sich um seine ganz persönlichen inneren ungelösten Konflikte kümmern, die er täglich in sein persönliches Umfeld (Familie, Freundschaften und Arbeitsplatz) trägt. Frieden ist viel, viel mehr als die Abwesenheit von Krieg und Konflikt. Wir sollten eine Bestandsaufnahme machen – von allem, was aus der Vergangenheit noch nicht aufgearbeitet ist. Frieden entsteht aus bedingungsloser Liebe und aus dem Bewusstsein, dass alle Menschen auf dieser Welt, ob Deutsche, Russen, Amerikaner oder Chinesen, ob Muslime, Katholiken, Protestanten, Hindus oder Atheisten, dass alle der über 7 Milliarden Menschen absolut gleichwertig und nicht voneinander getrennt sind (außer in unseren Gedanken) und *wir alle* miteinander verbunden sind und aus ein und derselben Quelle stammen.

So unfriedlich, wie es in vielen Menschen aussieht, so sieht es in den meisten unserer Firmen, Organisationen und Länder aus. Wie im Innen, so im Außen. Wer wirklich Frieden will, der darf vor allem Frieden mit sich selbst und in sich selbst erschaffen. Solange jemand sich selbst nicht würdigt und verzeiht, wofür er sich über Jahrzehnte verurteilt hat, trägt er ein sehr hohes Konfliktpotenzial in sich. Wenn wir uns jedoch mit uns selbst versöhnen, unser eigenes Leiden umarmen und transformieren können, sorgen wir damit auch für die Welt.

Wer sich selbst verurteilt, verurteilt auch andere

Sicherlich wurdest du auch schon einige Male zu Unrecht verurteilt und weißt, wie schmerzvoll sich das anfühlt. Und genau aus diesem Grund sollten wir es vermeiden, andere Menschen zu verurteilen. Meistens kritisieren wir Dinge an Menschen, die wir an uns selbst nicht mögen – oder die wir uns nicht erlauben. Viele werden, wie bereits erwähnt, in der Kindheit nicht in ihren Talenten und Fähigkeiten unterstützt beziehungsweise werden diese vom Umfeld nicht erkannt. Manche versuchen, dem Wunschbild der Eltern zu entsprechen und passen sich an, nur damit Mama und Papa stolz sind. Die tatsächlichen Potenziale bleiben oftmals unerkannt. Sobald wir den Wunsch verspüren, wir selbst zu sein, prasseln Bewertungen auf uns ein. Und die Botschaft ist immer die gleiche. »Tu gefälligst, was man von dir erwartet und was als richtig bewertet wird.« Solche Verhaltensweisen zerstören die Individualität und bauen hohe Mauern zwischen den Menschen auf.

Immerzu wurden beziehungsweise werden wir bewertet und mit anderen verglichen. Wir bekommen zu hören: »Hans-Peter ist so brav, du machst immer nur Unsinn.« Oder: »Das Bild, das du gemalt hast, ist ja ganz schön, aber die Sonne hast du nicht richtig gemalt, die muss gelb sein.« Wir erfahren, dass wir nicht richtig sind, solange wir anders sind oder etwas anderes tun als vorgegeben. Damit ist eine klare Orientierung festgelegt. Sei so wie die Vorbilder, die man dir zeigt, dann wirst du auch anerkannt. Daraufhin bewerten und vergleichen wir umgekehrt natürlich auch unser Umfeld. Wir selektieren, wer ins Muster passt und wen wir als abweichend empfinden. Alles soll so sein, wie es unseren Glaubenssätzen entspricht, und was anders ist, wird abgelehnt, auch an uns selbst. Andere Meinungen und eine andere Art, Dinge zu sehen, machen oft Angst. Doch ein Mensch mit einem gesunden Selbstwert sieht andere Meinungen nicht als Bedrohung, sondern kann diese akzeptieren und respektieren. Ganz nach dem Motto: »Ich habe eine Meinung und du darfst eine andere Meinung haben und ich mag dich trotzdem.« Das, was wir in letzter Zeit jedoch häufig erlebt haben, war das Motto: »Ich habe eine Meinung, und wenn du nicht meiner Meinung bist, mag ich dich nicht.« Das hat nichts mit Toleranz zu tun. Respektiere deshalb das, was andere tun und entscheiden, denn das, was du so sehr an ihnen kritisierst, könnte etwas sein, was du an dir selbst ablehnst oder kritisierst. Der innere Kritiker ist vor allem bei perfektionistisch veranlagten Menschen besonders laut. Oftmals gilt: Wer streng mit sich selbst ist, ist es auch mit anderen.

Versuche nicht immer zwischen besseren und schlechteren Perspektiven zu unterscheiden – sie alle haben ihren Platz! Erlaube dir die Möglichkeit, ins Zweifeln zu kommen und davon auszugehen, dass vielleicht beide Positionen als richtig angesehen werden können und dass nicht die eine der anderen überlegen sein muss. Du hast nicht immer recht. Vielleicht liegst du falsch und dein Urteil über das Verhalten eines anderen beruht möglicherweise auf einem Missverständnis.

Die folgende Übung kann dir helfen, deine Vorurteile zu überwinden und dich selbst besser kennenzulernen. Sei dir bewusst: Das Urteil, das du über andere Menschen fällst, sagt mehr über dich aus, als über den anderen. Frage dich, was dir die Menschen in deinem Umfeld gerade spiegeln. Mit wem oder was bist du noch in Konflikt? Sei bereit, die »Spiegel« in deinem Umfeld zu erkennen und sei dir gewiss, mit jeder gewonnenen Erkenntnis werden sich die Spiegel »auflösen« und müssen dir nicht mehr als Reflexion dienen.

ÜBUNG

Um eine negative Wahrnehmung zu korrigieren, müssen wir oftmals einen Schritt zurücktreten und einen Blick in den eigenen Spiegel werfen. Folgende Fragen können helfen:

1. Was nervt mich an anderen und wo finde ich das auch bei mir?

2. Welche Fehler werfe ich mir immer noch vor und habe ich mir selbst noch nicht verziehen?

---

3. Mit wem oder was befinde ich mich noch immer im Unfrieden?

---

4. Wie sehr bewerte ich mich und andere?

---

5. Was sind meine »Waffen«, wenn ich streite?

Diese Übung schafft sehr schnell Selbsterkenntnis. Sie zeigt auf, dass Menschen in unserem Umfeld oftmals als Spiegel für die eigenen ungelösten Konflikte in uns dienen. Die Spiegel des Lebens zeigen einem sehr ehrlich, dass es nicht die anderen sind, die einem das Leben schwer machen, sondern dass wir selbst es sind, die uns immer wieder sabotieren. Das Leben spiegelt uns laufend unsere Überzeugungen wider, somit sind diese Spiegelungen ein Geschenk, das uns unsere Schattenseiten näherbringt. Was wir an anderen Menschen ablehnen, lehnen wir auch an uns selbst ab und wollen es oft nicht wahrhaben. Doch genau darin liegt das große Geschenk, denn unser Gegenüber macht uns sichtbar, was wir über uns selbst denken, fühlen und wovon wir überzeugt sind.

Solange wir nicht die gesamte Lebensgeschichte in allen Facetten kennen und nicht ein paar Schritte in den Schuhen unseres Gegenübers gegangen sind, sollten wir nicht über andere Menschen urteilen. Wir kennen die Hintergründe für ihr Handeln, ihre Worte und Taten nicht. Das betrifft natürlich auch deine eigene Geschichte. Wie viele Menschen gibt es, die nicht alles über jene Kämpfe sowie Höhen und Tiefen wissen, durch die du hindurchgehen musstest und die dein Verhalten und deine Taten nachhaltig beeinflusst haben?

Nur eine Kraft hat die Macht, dauerhaft Frieden zu erschaffen. Die Quelle dieser Kraft sitzt im Herzen jedes Menschen. Ja, jeder von uns ist aus dieser Kraftquelle geboren: der Liebe. Und diese Liebe hat viele Zweige und Äste. Es sind Werte, für die sich jeder entscheiden kann, für die *du dich heute entscheiden* kannst. Sie heißen unter anderem: Verständnis, Mitgefühl, Friedfertigkeit, Wahrhaftigkeit, Dankbarkeit, Geduld, Vergebung, Hingabe, Verständnis, Verbundenheit, Würdigung und Wertschätzung. Unterschätze nicht deinen persönlichen Beitrag zum Frieden in der Welt. Er findet in dir und in deinem persönlichen Umfeld statt. Sei du selbst ein Vorbild für Frieden und lebe vor, was du dir in der Welt zu sehen wünschst.

Dazu ein Beispiel aus der Praxis: Eine meiner Klientinnen verspürte trotz zahlreicher Therapien noch immer einen tiefsitzenden Groll auf ihre Mutter. In ihr war noch sehr viel Wut aus der Vergangenheit – unter anderem, weil ihr

Bruder immer als »Liebkind« bevorzugt wurde und meine Klientin sich nie wichtig und gesehen fühlte. Ihre Mutter war noch am Leben, doch der Konflikt war sehr verworren, sodass es keine Gesprächsbasis mehr gab. Neben unserer Arbeit im Coaching empfahl ich meiner Klientin, ihrer Mutter einen Brief zu schreiben und all die negativen Emotionen niederzuschreiben. Das Aufschreiben der Gefühle ist ein kraftvolles Tool zur Selbsterforschung. Schreiben ist ein überaus heilsamer Dialog mit sich selbst, schafft Zugang zu unbewussten Bildern und verhilft zu mehr Klarheit. Gut möglich, dass man am Anfang mehrere Anläufe braucht, um in den »Schreibfluss« zu kommen – so war es zumindest bei meiner Klientin. Sie musste es sich erst selbst erlauben, dass es in Ordnung ist, ihrer Mutter all ihre »Vorwürfe und negativen Empfindungen« zu schreiben. Ich empfahl ihr, so lange Briefe zu schreiben, solange negative Emotionen hochkommen und solange sie das Bedürfnis dazu hat. Die gute Nachricht dieser heilsamen Erfahrung ist, dass man irgendwann merkt, dass keine negativen Emotionen und Vorwürfe mehr vorhanden sind. Und dann geschieht etwas Besonderes: Plötzlich findet dieser tiefe, innerliche Vollzug statt und Vergeben und Versöhnen passiert wie von selbst. Meine Klientin konnte das Gefühl schwer in Worte fassen, als sie plötzlich nicht mehr nur mit dem Verstand vergeben hatte, sondern auch mit dem Herzen. Es stellte sich ein unsagbar tiefes Gefühl der Dankbarkeit für das Geschenk »Leben« ein, welches sie durch ihre Eltern erhalten hatte. Eine große Demut und Respekt für die Geschichten und Schicksale ihrer Ahnen hatte sich entwickelt. So geht es vielen von uns. Indem auch das Herz vergibt, ist es möglich, unsere Wunden in Wunder zu verwandeln.

Wenn du dankbar bist für das, was war, kann das, was kommt, unter einem guten Stern stehen!

Den Schlüssel für den Frieden in dir kannst du finden, indem du deinen Blick durch Selbstreflexion nach innen richtest. Versuche deine Verhaltensmuster zu erforschen, zu erkennen und zu verstehen, wie du in bestimmten Situationen üblicherweise reagierst. Welche Menschen schaffen es immer wieder, sprichwörtlich deine »Knöpfe zu drücken« und dadurch versteckte Emotionen in dir zu wecken? Lerne deine Gefühle zu unterscheiden und zu beobachten, ohne gleich in die Bewertung zu gehen. Eine neutrale Betrachtung, gerade von schwierigen Situationen im Leben, kann helfen, die Zusammenhänge von Mustern aus der Vergangenheit zu erkennen und zu verstehen, was abläuft. Durch Verständnis ist es möglich, Mitgefühl zu entwickeln, und nur dadurch können wir auch liebevoll die ungeliebten und verdrängten Teile unseres Selbst annehmen und integrieren. So werden wir ganz und nur als Ganzes finden wir Frieden.

Solange wir unsere sogenannten negativen Anteile abspalten beziehungsweise auslagern und auf andere Menschen projizieren, werden sie uns immer wieder unkontrolliert einholen. Gefühle wollen »gefühlt« werden und nicht verdrängt, denn sonst würden sie »Gedränge« heißen, wie es der deutsche Diplompsychologe und Bestsellerautor Robert Betz so treffend ausdrückt.[9] Gefühle, die nicht zum Ausdruck kommen dürfen, werden uns immer wieder im Außen begegnen. Sie wollen gelebt werden. Verhaltensmuster und Prägungen, die uns nicht bewusst sind, werden uns reflexartig immer wieder einholen. Oftmals durch Menschen in unserer Umgebung. Diese Menschen drücken im übertragenen Sinne unsere Knöpfe und unser Programm (das unbewusste Muster) fährt hoch, denn was wir nicht kennen und erforscht haben bleibt im Unbewussten verborgen und entzieht sich unserer Kontrolle.

Sobald wir unsere sogenannten negativen Gefühle und Verhaltensmuster angenommen und integriert haben, haben sie einen Platz im Ganzen und somit sind auch wir »ganz«, denn sie sind ein Teil von uns. Sobald uns die vermeintlich negativen Aspekte unserer Persönlichkeit bewusst sind, können wir sie auch gezielt sinnvoll einsetzen und nutzen.

Mein »innerer Antreiber« hat mir mit seiner Strenge auch schon manchmal den Spaß verdorben, indem ich mir durch zu viel Leistungsdruck und Disziplin zu wenig Leichtigkeit und Spaß als Ausgleich gönnte. Aber wenn es zum Beispiel darum geht, ein Projekt zu Ende zu bringen oder meine Buchhaltung termingerecht abzuschließen, ist er unglaublich wertvoll und unbezahlbar. Und ich habe ein sehr befreiendes Gefühl, wenn ich Dinge, die ich schon länger vor mir hergeschoben habe, zum Abschluss bringe. Somit hat der »Antreiber« in mir auch etwas Gutes. Es geht also nicht nur darum, die »guten« Gefühle in uns zu pflegen, sondern *alle* verschiedenen Aspekte der eigenen Persönlichkeit anzunehmen und situationsbezogen gezielt einzusetzen. Das geht jedoch nur, wenn du dich selbst gut kennst und sorgsam mit dir umgehst.

Auch dafür sind gesunde Selbstliebe und Wertschätzung die Basis. Auf einmal wird alles ganz einfach. Beflügelt von der Energie der Selbstliebe können wir auch jene miteinschließen, mit denen wir bisher noch im Konflikt waren. Wir müssen diese Personen nicht mehr verurteilen und beschuldigen. Versöhnung ist ein hoher Akt der Selbstliebe und Selbstwertschätzung, denn dadurch lernen wir unsere persönliche Geschichte in einem anderen Licht zu sehen. Wäre es nicht wunderbar, wenn wir einfach jeden Menschen in seiner Besonderheit anerkennen könnten? Wenn wir ihn respektieren und wertschätzen würden, so wie er ist, ohne Überzeugungen, ohne Vergleich, ohne Bewertung? Dann könnten wir den ganzen Reichtum unserer Erde wahrnehmen, die vielen Facetten des Menschseins, die ungewöhnlichen Potenziale, die in uns und in anderen existieren. Anstelle von Bewertung würde Liebe und Verständnis treten und wir könnten uns gegenseitig unterstützen.

Im Buddhismus werden diese Qualitäten »Bodhichitta« genannt, was »erwachtes Herz« bedeutet. Mit der folgenden Meditation kannst du dein »Bodhichitta« aktivieren:

ÜBUNG

Atme einige Male tief ein und aus. Wenn du möchtest, kannst du dabei auch die Hand auf dein Herz legen. Sprich jetzt folgende Sätze und Herzenswünsche für dich, egal ob laut in den Raum, leise oder in Gedanken. Wiederhole jeden Satz so oft, wie es sich für dich gut anfühlt.

Möge ich glücklich sein.
Möge ich zufrieden sein.
Möge ich gesund sein.

Lenke deine Aufmerksamkeit wieder auf deinen Atem und denke nun an einen Menschen, der dir sehr viel bedeutet, einen Menschen, den du liebst, und sprich die Herzenswünsche für ihn:

Mögest du glücklich sein.
Mögest du zufrieden sein.
Mögest du gesund sein.

Atme wieder einige Mal tief ein und aus und denke jetzt an eine Person, mit der du gerade Schwierigkeiten hast. Eine Person, mit der du im Konflikt bist, und schicke dieser Person deine heilsamen Sätze:

Mögest du glücklich sein.
Mögest du zufrieden sein.
Mögest du gesund sein.

Abschließend werden die Herzenswünsche für alle Menschen gesprochen. Stelle dir dabei vor, wie sich goldene Strahlen aus deinem Herzen in alle vier Himmelsrichtungen ausdehnen und schließlich über alle Länder, Kontinente und Menschen dieser Erde verbreiten.

Mögen wir glücklich sein.
Mögen wir zufrieden sein.
Mögen wir gesund sein.

Dein Herz ist wie ein Diamant, der seine Strahlen in alle Himmelsrichtungen aussendet. Ich habe immer die schöne Vision, dass jeder diesen »Herzensdiamanten« in sich aktiviert und sein Strahlen der Welt zum Geschenk macht.

Wenn du diese Meditation regelmäßig machst, wirst du bald eine Veränderung spüren. Sie ermöglichst es dir, dein Herz zu öffnen und Versöhnung zuzulassen.

Bringe dich selbst zum Strahlen und mache dein Leuchten der Welt zum Geschenk!

Die Macht der Gefühle

Unsere Gefühle haben einen großen Einfluss auf unsere Lebensqualität und den Umgang mit anderen Menschen. Gefühle sind nichts anderes als neurophysiologische Zustände. Sie entstehen durch das immer gleiche Zusammenspiel innerer Prozesse. Gefühle sind auf körperlicher Ebene nichts anderes als biochemische Signale, die dem Informationsaustausch zwischen Körper und Gehirn dienen, um das der Situation angemessene Verhaltensprogramm auszuführen. Auf diesem Regelungssystem basieren unsere Motivationen, etwas erreichen oder vermeiden zu wollen. Das emotionale Gedächtnis speichert Sinnesreize mit den in der jeweiligen Situation erlebten Gefühlen ab und bewertet später ähnliche Situationen entsprechend entweder als »erstrebenswert« oder als »gefährlich«. Emotionen sind also immer Reaktionen auf Auslöser.

An der Außenwand jeder Zelle sitzen Rezeptoren, an die chemische Stoffe »andocken« können. Emotionen sind also holografisch eingeprägte Chemikalien. Jedes Gefühl, jede Emotion wie Ärger, Wut, Hass, aber natürlich auch Liebe, Mitgefühl und Freude erzeugen einen chemischen Stoff, zu dem es ein Gegenstück gibt. Wenn wir ständig die gleichen Emotionen erleben, werden die Zellen »süchtig« nach der entsprechenden Emotion, vergleichbar mit Drogen. Wenn du dich zum Beispiel regelmäßig ärgerst und wütend bist, produziert die Zelle den entsprechenden »Gefühlscocktail« dazu und du wirst durch permanentes Durchleben dieser Emotion »süchtig nach Ärger und Wut«.

Wir alle kennen es, wie es sich anfühlt, wenn uns diese Gefühle überkommen. Es reicht dir, wenn dir der Chef wieder mal einen Stapel Arbeit auf den Schreibtisch knallt und dabei ganz übersieht, wie viel du ohnehin schon zu tun hast. Du kochst innerlich und das Gefühl füllt dich komplett aus. Meistens geraten wir aus der Fassung, sind gereizt, aufbrausend und empört, wenn andere nicht unseren Vorstellungen entsprechend reagieren. Es ist falsch, wenn wir denken, wir müssen uns über dieses und jenes ärgern. In Wirklichkeit entscheiden wir selbst darüber. Wir ärgern uns, weil die Realität nicht mit unseren Erwartungen übereinstimmt. Dieses Prinzip funktioniert nach demselben Modell wie unsere Gewohnheiten und unsere unbewussten Programme. Wir sind in den immer gleichen Mustern aus Reiz und Reaktion gefangen. Solche »Gefühlsgewohnheiten« entstehen schnell und stehen immer in engem Zusammenhang mit unseren Gedanken, denn – wie bereits erwähnt – erzeugen diese unsere Gefühle. Was wir fühlen, strahlen wir aus, und was wir ausstrahlen, ziehen wir an. Und die gute Nachricht ist auch hier, dass wir den Auslöser für emotionale Reaktionen in unserem Unterbewusstsein neutralisieren können.

Energie folgt immer der Aufmerksamkeit und Beachtung schafft Verstärkung. Je häufiger du also etwas Bestimmtes denkst oder tust, desto intensiver unterstützt du die Festigung der damit einhergehenden Emotionen.

Wenn dir das erst einmal bewusst ist, dann kannst du es gezielt nutzen, um aus negativen Gefühlen auszubrechen und mehr positive Emotionen in dein Leben einzuladen. Am besten beginnst du damit, deine Gefühle bewusst zu reflektieren. Die folgende Übung kann dir dabei helfen.

ÜBUNG

Sieh dir als Hilfestellung die Tabelle an. Überlege, welches dieser Gefühle du häufiger als drei Mal pro Woche empfindest.

Inventur der Gefühle		
Großzügigkeit	Misstrauen	Versagen
Hass	Schuldgefühl	Begeisterung
Liebe	Minderwertigkeit	Neid
Angst	Selbstvertrauen	Wut
Frustration	Traurigkeit	Erfüllung
Ärger	Fröhlichkeit	Unzufriedenheit
Vertrauen	Einsamkeit	Wertschätzung
Sicherheit	Dankbarkeit	Neugierde
Freude	Glück	Zuneigung

Wer zum Beispiel regelmäßig jammert, wird zum »Jammerer«, wer sich immer Sorgen macht, wird zum »Schwarzmaler«, wer sich selbst bemitleidet, wird zum »Opfer«, und wer sich regelmäßig fürchtet, wird zum »Angsthasen«. Und wie bereits erwähnt funktioniert dieses Prinzip auch umgekehrt. Sobald du ein Muster, Verhalten oder Programm nicht mehr wiederholst, »löschst« du es sozusagen. Auf der zellulären Ebene bilden sich die »neuronalen Stränge« des entsprechenden Verhaltens zurück. Wenn du dich also für neue, positive Gefühle wie Freude, Spaß, Liebe und Glück entscheidest, bilden sich neuronale Verbindungen. Die Zelle produziert einen neuen »Gefühlscocktail« und will davon immer mehr. Ganz nach dem Motto: »Darf es noch etwas mehr Glück sein?«

Weigere dich ab sofort, deine wertvolle Zeit mit schlechten Gefühlen zu verschwenden. Von den guten Gefühlen gibt es genug, suche dir die aus, die du gern und oft empfinden möchtest, und dann bringe dich mindestens einmal am Tag dazu, dieses Gefühl tief in dir zu spüren. Eines der stärksten und positivsten Gefühle neben Liebe ist die Dankbarkeit. Dieses starke Gefühl wird dein Leben mehr als verändern, mache also dein »Denken zum Danken«. Ebenso sind Wertschätzung und Begeisterung ein sehr starker »Lebensfreude- und Glücksauslöser. Habe jedoch Geduld mit dir und deinen Ängsten und Sorgen, es geht nicht über Nacht und ein »Gefühls- beziehungsweise Reaktionsmuster«, welches du dreißig, vierzig oder fünfzig Jahre hattest, »verschwindet« auch nicht so einfach. Sobald es dir jedoch gelingt, schlechte Gefühle durch gute zu ersetzen, durchbrichst du dein altes Muster. Irgendwann wirst du gar nicht mehr wissen, wie du deine schmerzhaften Gefühle aktivieren konntest, denn sie sind nicht mehr da, einfach weg. Mache dich also auf den Weg, hege und pflege deinen positiven »Garten der Glücksgefühle«.

IMPULS für deinen starken Selbstwert
Wenn du die Einzigartigkeit in dir selbst und in anderen erkennst, dann werden sich deine Minderwertigkeitsgefühle in ein gesundes Selbstvertrauen wandeln. Dadurch kannst du innerlich heilen und einen gesunden Selbstwert entwickeln.

Kapitel 6

Erschaffe dir dein Glück selbst

Nicht das, was wir haben, macht uns glücklich, sondern das, was wir wertschätzen und genießen können!

Zu einem starken Selbstwertgefühl gehört auch dazu, sich zu erlauben, Glück für sich zu beanspruchen. Häufig stelle ich fest, dass Menschen mit einem schlechten Selbstwertgefühl glauben, dass sie das wahre Glück gar nicht verdient haben. Stelle dir deshalb die entscheidende Frage: »Was ist das Ziel in meinem Leben? Ein Haus? Ein Luxusurlaub? Karriere?« Dann sei dir auch bewusst, dass hinter all diesen Zielen und Wünschen in Wirklichkeit etwas ganz anderes steckt, wonach du strebst. In Wirklichkeit geht es immer nur um ein Gefühl – um das Gefühl von Glück. Denn das ist es, was du dir von deinen Zielen tatsächlich erwartest. Und natürlich verdienst du das auch. Nur leider hat man uns allen beigebracht, dass die Jagd nach Glück extrem schwierig ist, dass man sich dafür anstrengen muss und dass man immer etwas Bestimmtes besitzen und erreichen muss, um sich dann glücklich zu fühlen. Doch das ist ein Irrglaube.

Tief empfundenes Glück ist nicht von äußeren Umständen abhängig.

Seit knapp 80 Jahren führt die Harvard Universität mit anfangs 724 Erwachsenen die längste Studie über Glück durch. Lückenlose Daten über so einen langen Zeitraum zu besitzen ist ein großer Glücksfall für die Wissenschaft. Die wichtigste Erkenntnis aus der Studie ist, dass ein schönes und erfülltes Leben aus intakten, positiven Beziehungen besteht, wie der Studienleiter und Professor für Psychologie Robert Waldinger betont.[10] Genauer gesagt: Menschen, die mit ihrer Familie und ihren Freunden in einer guten Gemeinschaft verbunden leben, sind glücklicher, gesünder und leben länger als Menschen in weniger guten Beziehungen beziehungsweise in ungewollter Einsamkeit. Es kommt dabei nicht auf die Zahl der Freunde an, sondern in erster Linie auf die Qualität der nahen Beziehungen. Liebe, das Füreinander-Dasein und Geborgenheit sind ausschlaggebend. Doch mit anderen Menschen in guter Beziehung zu sein und mich mit ihnen verbunden zu fühlen ist nur möglich, wenn ich mich auch mit mir selbst verbunden fühle und eine liebevolle und wertschätzende Beziehung zu mir führe. Denn diese Beziehung zu mir selbst ist die Basis für alle anderen Beziehungen in meinem Leben.

Zudem bestätigen Studien, dass neben den liebevollen zwischenmenschlichen Beziehungen Gesundheit, gesellschaftlicher Zusammenhalt, soziales Engagement und nicht zuletzt ein Sinn im Leben zu den wichtigsten Glücksfaktoren zählen. Hinzu kommt die gefühlte Freiheit, sein Leben selbst gestalten zu können. Natürlich brauchen wir auch ausreichend finanzielle Mittel zur Existenzsicherung, doch – wie bereits erwähnt – Geld allein macht nicht glücklich. Denn übertriebener Egoismus und ein ausschließliches Streben nach materiellen Zielen wirken sich negativ auf unser Glücksempfinden aus. Und bitte das nicht falsch verstehen, wir dürfen in Fülle leben und unseren Wohlstand genießen.

Ich genieße zum Beispiel gerade das Glück, dieses Buch in meiner Traumwohnung im Grünen in Salzburg zu schreiben. Ich darf bei meinen Herzensfreunden wohnen und jeder Tag hier ist ein Geschenk. Jeden Morgen, wenn ich aufwache, empfinde ich tiefe Glücksgefühle. Doch all das Glück, das ich empfinde, kommt tief aus meinem Inneren, niemand sonst erzeugt es. Es ist ein großer Vorrat an Glücksgefühlen in mir – übrigens auch in dir – und er war die ganze Zeit schon da. Ich habe die Gefühle nur entfesselt. Diese Wohnung kam durch einen vermeintlichen »Zufall« zu mir. Doch ich glaube grundsätzlich nicht an Zufälle, sondern bin davon überzeugt, dass nach dem Gesetz der Resonanz uns etwas »zu-fällt«, weil es »fällig« ist. Glück ist also immer da. Wir haben uns aber von diesem Naturzustand weit entfernt, haben Regeln und Normen entwickelt, die uns vorschreiben, was alles sein muss und was wir alles brauchen, um glücklich sein zu können. Viele haben sich abhängig gemacht von vermeintlichen Glücksquellen in Form von äußeren Umständen, Leistungsdruck, Erfolg und materiellen Gütern und sind stets geprägt von der Angst, was passiert, wenn diese Glücksquellen einmal versiegen könnten. Sie unterliegen dem Irrglauben, dass sie, wenn sie eine bestimmte Position in ihrem Leben erreicht haben, dadurch ein wertvollerer Mensch sind. Sie definieren ihr Selbstwertgefühl über die Stufe ihrer Karriereleiter. Der tiefsitzende Glaubenssatz dahinter lautet: »Ich muss etwas *sein*, damit ich jemand *bin.*« Ich empfehle dir hier, den Satz umzudrehen. Finde das, was du schon *bist,* und *Erfolg* folgt wie von selbst. Vielleicht einfacher erklärt: Finde dein persönliches »Warum«. Es ist uns bewusst, dass materieller Besitz langfristig nicht glücklich macht. Das Einzige, was uns langfristig glücklich machen kann, ist die Frage, wer wir als Mensch sind. Brian Tracy beschreibt es in seinem Buch »Think Big« sehr schön, indem er sagt, dass all das, wonach sich unser Herz sehnt, genau das ist, wofür wir auf die Welt gekommen sind. Ich persönlich bin davon überzeugt, dass wir nur so wahres, tiefes Glück erfahren können, unabhängig von äußeren Erfolgen. Übrigens: Erfolg zu haben bedeutet für jeden von uns etwas anderes. Natürlich gehört hier der berufliche Erfolg dazu und auch materielle Güter und schöne Dinge dürfen wir genießen. Erfolgreich zu sein kann aber auch bedeuten, ein sportliches Ziel zu erreichen, ein erfüllendes Hobby und/oder eine harmonische Familie zu haben. Ich reduziere es noch weiter runter: Erfolgreich bist du dann, wenn du glücklich und zufrieden bist.

Du kannst diesen Hebel somit jederzeit umlegen, indem du dich von der Vorstellung löst, dass etwas außerhalb von dir selbst dich glücklich machen kann. Das pure Glück in Reinform ist *in* dir und wartet nur darauf, von dir angezapft zu werden. Wie bereits in Kapitel zwei erwähnt geht es vor allem darum zu lernen, sich unabhängig von materiellen Dingen wertvoll und glücklich zu fühlen. Der Schlüssel zum Glück liegt also größtenteils allein in unserer Hand. Es kommt darauf an, was wir aus unserer individuellen Situation machen und welche Entscheidungen wir treffen. Wie wir mit Schicksalsschlägen umgehen und wie wir Chancen erkennen und ergreifen. Glück bedeutet letztendlich, das Beste aus dem zu machen, was man ist. Denn nur in uns selbst liegen die Sterne des Glücks. Viele Menschen spüren nur noch, was sie zu erfüllen haben, nicht jedoch, was sie selbst erfüllt. Was tust du für deine Glücksgefühle? Gehst du spazieren? Betreibst du Sport? Kochst du dir dein Lieblingsgericht? Triffst du dich mit deinen Lieblingsmenschen? Liest du ein nährendes Buch oder hörst du schöne Musik?

Damit du dir bewusst machen kannst, welche Dinge und Situationen in dir Glücksgefühle auslösen, kannst du die nächste Übung machen.

ÜBUNG

Nimm dir ganz in Ruhe Zeit und beantworte folgende Fragen:

1. Was macht mich so richtig glücklich?

2. Wann hat mein Herz das letzte Mal vor lauter Glücksgefühlen höhergeschlagen?

3. Erfüllt mich mein derzeitiger Beruf mit Freude?

4. Wenn morgen die Welt untergehen würde, mit welchen drei Menschen möchte ich dann noch meine Zeit verbringen?

5. Was würde ich (anders) machen, wenn ich unbegrenzten Mut hätte?

6. Wenn sich meine engsten Freunde unterhalten, was sagen sie wohl über mich?

7. Was brauche ich, um mich zufrieden zu fühlen?

8. Was würde ich tun, wenn ich auf niemanden Rücksicht nehmen müsste?

9. Was kann ich besser als andere?

10. Was steht zwischen mir und meinem idealen Leben?

11. Was will ich in meinem Leben unbedingt mal gemacht haben?

12. Was ist mir das Allerwichtigste im Leben?

13. Was würde ich tun, wenn ich ab heute nicht mehr arbeiten müsste?

Dankbarkeit macht glücklich

Dankbarkeit ist nach der Liebe die zweitstärkste positive Kraft im Universum, deren enorme Wirkung oft unterschätzt wird. Da sie eine tragende Säule in meinem Leben darstellt und ich sie für essenziell im Zusammenhang mit einem starken Selbstwertgefühl halte, gebe ich der Dankbarkeit in diesem Buch entsprechend Raum. Ich habe dieses Thema auch bereits in meinem ersten Buch ausführlich behandelt. Da es eines meiner persönlichen Herzensthemen ist und ich der Meinung bin, dass wir uns zunehmend zu einer »undankbaren« Gesellschaft entwickeln, die aus Mangelbewusstsein handelt, kann man aus meiner Sicht die Wichtigkeit nicht häufig genug unterstreichen.

Dankbarkeit ist eine innere Lebenshaltung, mit der wir annehmen und schätzen, was uns geschieht, was wir haben und was wir erleben.

Aus einer dankbaren Grundhaltung heraus können wir Dinge und Situationen annehmen, wie sie sind. Tief empfundene Dankbarkeit kann dein gesamtes Leben grundlegend verändern. Auf meiner persönlichen Lebensreise war ich mit vielen Herausforderungen konfrontiert und durfte einige Hürden meistern. Nicht selten habe ich mit dem Schicksal gehadert und mich gefragt: »Warum passiert das alles mir?« Dinge und Situationen, die mir »das Leben verweigerte«, habe ich als viel stärker empfunden als Dinge, Situationen und Menschen, die »das Leben mir schenkte«. Häufig fühlte ich mich als Opfer meiner Lebensumstände und meiner Vergangenheit. Gerade in diesem Augenblick, während ich dieses Buch schreibe, empfinde ich tiefe und aufrichtige Dankbarkeit für mein Leben. Neben meiner wertvollen systemischen Arbeit betrachte ich die Ausbildung zur Mentaltrainerin als einen Meilenstein in meinem Leben. Hier begann ein sehr intensiver Bewusstseinswandel. Ein wesentlicher Bestandteil meiner Ausbildung bestand darin, regelmäßig Dinge aufzuschreiben, für die ich dankbar bin. Diese Übung habe ich bis zum heutigen Tag beibehalten und es geschahen wahrlich einige Wunder in meinem Leben. Seit der Veröffentlichung meines ersten Buches sind mittlerweile zwei Jahre vergangen. Zwei Jahre, die uns coronabedingt an die Grenzen unserer Belastbarkeit gebracht haben. Die mentale Achterbahn, die wir alle durchleben mussten, war enorm. Und trotz aller Herausforderungen durfte ich in den letzten zwei Jahren so viele Momente des Glücks und der Dankbarkeit erleben. Nicht nur dass mein erstes Buch »Weil ich alles sein kann, was ich will« mittlerweile in der 3. Auflage auf dem Markt ist, so war auch das Jahr 2021 – trotz Corona – das erfolgreichste Geschäftsjahr seit meiner Selbstständigkeit und dafür bin ich unendlich dankbar. Ich empfinde so viel Glück und Dankbarkeit für meine aktuelle Lebensphase, dass ich dadurch noch mehr »Glück« anziehe. Und genau das ist das Prinzip der Dankbarkeit. Dankbarkeit und Glücklichsein gehören eng zusammen. Wir versuchen immer das Pferd von hinten aufzuzäumen und glauben, erst dankbar sein zu können, wenn wir glücklich sind. Aber so funktioniert das Leben nicht. Wir leben in unserer westlichen Wohlstandsgesellschaft trotz Coronakrise und wirtschaftlicher Herausforderungen immer noch in einem der schönsten und reichsten Länder der Welt, haben im Schnitt zwei Autos vor dem Haus stehen, überfüllte Kühlschränke und Kleiderschränke und trotzdem laufen die Menschen mit ausdruckslosen, freudlosen Gesichtern durchs Leben. Psychische Erkrankungen und Depressionen steigen nach wie vor stark an. Wir sehen den Wald vor lauter Bäumen nicht mehr. Natürlich haben die letzten zwei Jahre die Gesellschaft verändert und vor große Herausforderungen gestellt. Doch gerade in solchen Zeiten ist Dankbarkeit eine enorme Ressource, wenn wir uns darauf fokussieren, wie gut es uns trotz »Krise« – ich verwende ehrlich gesagt das Wort sehr ungern, da es ohnehin schon überstrapaziert ist – immer noch gut geht. Wir erleben den klassischen Mangel im Überfluss. Ein Zuviel an materiellen Gütern heilt unsere seelischen Narben nicht, im Gegenteil: Und genau hier dürfen wir hinschauen. Ich durfte im Rahmen meines bereits zweiten Umzuges selbst gerade wieder erleben, wie befreiend es ist, sich von materiellem Ballast zu trennen. Weniger ist das neue Mehr. Und wenn wir uns im Alltag so oft wie möglich klarmachen, dass unsere Grundbedürfnisse allesamt erfüllt sind, und auf konkrete Bestätigungen hierfür achten, erzeugen unsere Instinkte immer öfter Glücksgefühle statt unangenehmer Gefühle. Unsere Wahrnehmung stellt sich von Problemen auf Glücksgefühle um.

Du bist reich beschenkt

Die meisten Menschen sind sich nicht bewusst, was ihnen das Leben laufend schenkt. Ihr Leben, ihre Gesundheit, ihren meist immer noch hohen Lebensstandard, Zugang zu Bildung und Wissen, zu Leitungswasser und die wunderschöne Natur. All diese Dinge haben sie ohne harte Arbeit geschenkt bekommen. Würden sie das schätzen und würdigen, würden sie ihre Energie sofort von Mangel auf Fülle und Dankbarkeit lenken. Dankbarkeit ist ein kraftvoller Prozess, um die Energie umzulenken und mehr von dem, was wir möchten, in unser Leben zu ziehen. Dankbar zu sein für alles, was man hat, zieht noch mehr Gutes an. Wenn wir im Voraus danken, beschleunigen wir unsere Wünsche und senden ein machtvolles Signal aus. Meist vergessen wir in diesem Stressmodus die vermeintlich »kleinen Dinge« im Leben, die selbstverständlich geworden sind. Wir nehmen stressige, belastende Situationen viel stärker wahr als die positiven Situationen und Menschen, die uns umgeben. Sei deshalb dankbar für deine Arbeit, deine Kollegen, deine Talente, deine Familie, deine Freunde und Herzensmenschen, deine Gesundheit und all das Gute in deinem Leben. Durch positive Gefühle wie Freude, Lust und Begeisterung wird aus unserer »Problemsuchmaschine« ein »Schatzfinder«. Diesen Prozess können wir unterstützen, indem wir unsere Wahrnehmung bewusst auf schöne Dinge richten. Damit setzen wir eine Rückkoppelungsschleife in Gang, bei der sich jede positive Wahrnehmung in der äußeren Realität widerspie-

gelt, wodurch unsere Aufmerksamkeit noch stärker auf schöne Dinge gelenkt wird. Gehe mit dieser neuen Geisteshaltung durch dein Leben und du hast so gut wie gewonnen. Eines habe ich vom Leben gelernt: Wenn du für das, was das Leben dir bietet, dankbar bist, veränderst du dadurch auch dein Umfeld. Wer dankbar durchs Leben geht, strahlt diese Dankbarkeit auch aus. Dankbarkeit hat eine bestimmte Frequenz. Wenn wir von Herzen für etwas dankbar sind, dann erzeugt diese Dankbarkeit in uns positive Emotionen. Und durch diese Emotion erhöht sich unser Schwingungszustand. Unsere gesamte Körperfrequenz wird auf ein höheres Level gehoben. Mit dieser Frequenz schicken wir an das Leben die Information: »Ich bin reich beschenkt.« Dadurch wirken wir wie ein Magnet und ziehen noch mehr schöne Dinge in unser Leben. Beginne jeden Tag mit dem Bewusstsein der Dankbarkeit. Wenn du morgens aufwachst, dann bleibe noch ein paar Minuten im Bett und nimm den neuen Tag bewusst als Geschenk wahr. Lasse auch die Menschen in deinem Umfeld wissen, dass du dankbar bist, dass es sie gibt, und »verschenke Komplimente« oder drücke deine Wertschätzung für Personen in deinem Umfeld aus. Dankbarkeit ist eine starke, positive Energie und holt uns sofort vom Mangel in die Fülle. Diese positive Kraft ist zudem unglaublich gesund, sie stärkt nicht nur unser Immunsystem, sondern entspannt den ganzen Körper und wirkt sich zudem auf unser Umfeld aus. Denn durch ein tief empfundenes Gefühl der Dankbarkeit strahlen wir automatisch Anerkennung, Wertschätzung und Lebensfreude aus.
Wenn auch du diese Kraft vermehrt spüren und in dein Leben holen möchtest, kannst du bewusst daran arbeiten. Ich empfehle dir, nicht nur morgens im Bett bereits an all das Schöne zu denken, das dir dein Leben schenkt, sondern den Tag auch mit dem Gefühl der Dankbarkeit zu beenden. Dabei kann dir folgende Übung helfen.

ÜBUNG

In meinem ersten Buch empfehle ich den Lesern ein Dankbarkeitstagebuch zu führen. Diesen Tipp möchte ich dir ebenfalls mit auf den Weg geben, weil er mir persönlich sehr geholfen hat. Kaufe dir ein schönes Notizbuch und notiere alles, wofür du in deinem Leben dankbar bist. Sei dabei ruhig kreativ. Hier sind ein paar Ideen dazu: Sei dankbar für deine Freunde, deinen Partner, dein Zuhause, deine Familie, deinen Arbeitsplatz, deine Gesundheit ... Darüber hinaus kannst du jeden Abend fünf Dinge/Situationen/Menschen notieren, für die du speziell an diesem Tag dankbar warst. Vielleicht hat dir der Tag auch eine Erkenntnis gebracht, dann notiere dir diese ebenfalls. Nimm dir abends eine kleine Auszeit, um dich mit dem Thema Dankbarkeit zu beschäftigen. All jenen, die bereits ein Dankbarkeitstagebuch führen, empfehle ich, sich ergänzend mit folgenden Themen auseinanderzusetzen:

1. Was sind die fünf großartigsten Geschenke, die ich in meinem Leben bereits erhalten habe?

____

____

____

____

____

2. Was waren bisher die fünf glücklichsten Momente in meinem Leben?

____

____

____

3. Fünf Dinge/Situationen, die ich bisher in meinem Leben großartig geschafft habe!

4. Fünf wunderbare Menschen, die mir das Leben geschenkt hat!

5. Fünf Momente, auf die ich mich in meiner Zukunft freue.

Wenn wir den Fokus auf das Positive in unserem Leben richten wollen, dann dürfen wir lernen, uns die richtigen Fragen zu stellen. Wir stehen in einem permanenten inneren Dialog mit unseren Gedanken. Und die Qualität unserer Fragen macht die Qualität unserer Gedanken und Gefühle und somit unseres Lebens aus. Denn was für Fragen wir auch immer stellen, unser Unterbewusstsein findet Antworten darauf. Diese Antworten formen mit der Zeit unser Weltbild, unser Selbstbild und unsere Glaubenssätze. Ich empfehle dir, deine Dankbarkeitsliste und/oder die oben beantworteten Fragen über einen Zeitraum von 30 Tagen regelmäßig durchzulesen und die Liste täglich zu ergänzen.

IMPULS für deinen starken Selbstwert

Investiere täglich fünf Minuten für dein positives Lebensgefühl und deine innere Haltung. Du hast mit diesem Dankbarkeitsritual ein machtvolles Werkzeug, um dich aus dem Mangelbewusstsein zu befreien und dauerhaft in Freude und Fülle zu leben. Ein Glücksgefühl stellt sich ein, wenn wir uns die Fülle, in der wir leben, bewusst machen und wenn wir unsere Gedanken und unseren Fokus positiv ausrichten. Je intensiver wir diese Fülle wahrnehmen, desto intensiver werden auch unsere Glücksgefühle sein.

Kapitel 7

Zeig der Welt, wer du wirklich bist

Erkenne deine wahre Größe an und höre auf, dich mit anderen zu vergleichen!

Jeder Mensch spürt, was du über dich denkst, und reagiert darauf. Im Laufe eines Gespräches werden viele Informationen ausgetauscht, verbale durch Worte und nonverbale durch Gestik, Mimik und Körpersprache. Beim bewussten Senden von Inhalten verwenden wir viel Energie darauf, uns die richtigen Worte zurechtzulegen und weniger darauf, wie wir auf andere wirken. Der »Zuhörer« ist aber auch ein »Zuschauer«. 230 Millisekunden dauert es, wenn sich zwei Menschen begegnen, bis es eine Information über »gute Schwingungen« oder »schlechte Schwingungen« gibt, ohne dass auch nur ein Wort gesprochen wurde. Wie wir wirken, ist somit wichtiger als das, was wir sagen!

Aus diesem Grund möchte noch einmal auf das zurückkommen, was ich eingangs schon erwähnt habe. Gedanken haben eine Frequenz. Während wir denken, werden unsere Gedanken an unser Umfeld ausgesandt und wir ziehen magnetisch alle Dinge an, welche die gleiche Frequenz aufweisen. Alles, was ausgesandt wurde, kehrt zum Ursprung, also zu uns selbst zurück. Erinnere dich an den Fernsehturm. Wir wissen, dass er Frequenzen ausstrahlt, welche in unserem häuslichen Empfangsgerät in Bilder umgewandelt werden. Wenn wir andere Bilder auf unserem Gerät sehen wollen, wechseln wir die Frequenz durch Druck auf die Fernbedienung.

Durch die Frequenz unserer Gedanken sind wir vergleichbar mit diesem Turm. Alles, was wir aussenden, erschafft und gestaltet unser Leben und unsere Realität. Wenn wir uns Veränderung wünschen, dann ist es erforderlich, unsere Gedanken und Glaubenssätze und somit die Frequenz zu ändern.

Bewusstsein und Geist erzeugen also Realität und jeder Mensch besitzt ein machtvolles Potenzial, um seinem eigenen Leben eine neue Richtung zu geben. Neurowissenschaftler haben zum Beispiel festgestellt, dass bestimmte Gehirnareale aufleuchten, wenn Personen einen Gegenstand anschauen, und dies mittels Computertomografie gemessen. Anschließend haben sich die Versuchspersonen denselben Gegenstand nur *vorgestellt*. Die Messung bestätigte, dass wieder exakt die gleichen Gehirnareale aktiv waren. Wenn man mit geschlossenen Augen einen Gegenstand visualisiert, führt das zu den gleichen Ergebnissen, wie wenn man diesen ansieht. Unser Gehirn kennt den Unterschied zwischen gesehenen und vorgestellten Bildern nicht.

Das trifft auch auf unsere »innere Bildgalerie« zu. Wenn wir in der Erinnerung wiederholt zu schmerzhaften Erlebnissen der Vergangenheit abschweifen, erleben wir sie immer wieder aufs Neue. Wir blättern in diesem imaginären Fotoalbum und sehen uns die Bilder von schmerzhaften Verlusten, durchlebten Trennungen, Situationen, in denen wir im Stich gelassen wurden, oder von ärgerlichen Begebenheiten und Enttäuschung an. Wir blättern immer wieder in diesem Album und verankern so die negativen Gefühle und Glaubenssätze. Die Frage ist, willst du das wirklich? Schwächst du dich gern selbst? Wir alle besitzen nämlich auch ein Fotoalbum mit schönen, glücklichen Momenten und Ereignissen. Vielleicht steht es in deinem Regal oder du hast diese Bilder am Smartphone oder am Laptop gespeichert – es ist nicht entscheidend, wo sie sich befinden. In diesem Fotoalbum sind Bilder von einmaligen Reisen, von rauschenden Festen mit Freunden und Familie, von Naturerlebnissen und Festen der Liebe wie Hochzeiten, Geburtstagsfeiern etc. Diese Bilder lösen beim Betrachten sofort Glücksgefühle aus und festigen unsere positiven Gefühle und Glaubenssätze. Ich empfehle dir deshalb, den Ordner mit deinen negativen Bildern aus der Vergangenheit zu löschen und es dir zur Aufgabe zu machen, mindestens dreimal am Tag (je öfter desto besser) an Momente zu denken, in denen du glücklich warst und du dich stark und geliebt gefühlt hast. So fügst du deinem Fotoalbum Tag für Tag immer mehr stärkende Bilder zu. Und du wirst sehen, je öfter du daran denkst, desto besser wirst du dich fühlen und irgendwann blättert dein Gehirn wie von selbst in diesem schönen Album und es formt sich daraus eine neue Sichtweise auf dich und die Welt.

Das Leben ist immer für dich

Vieles, was sich bis zum jetzigen Zeitpunkt in deinem Leben ereignet hat, ist durch deine Gedanken und Überzeugungen, an denen du in der Vergangenheit festgehalten hast, verursacht worden. Unser Unterbewusstsein bewertet nicht und saugt völlig unkontrolliert alles auf. Es wird dir genau jene Selbsteinschätzung liefern, die du dir suggerierst. Nimm deshalb die Sache selbst in die Hand: Die Vergangenheit ist vorbei und abgeschlossen. Ausschlaggebend ist *nur*, für welche Gedanken und Überzeugungen du dich jetzt entscheidest.

Um etwas zu verändern, ist es immer gut, sich den Ist-Zustand anzusehen. Damit du ein Gefühl dafür bekommst, wie du Dinge generell wahrnimmst, kannst du folgende Übung absolvieren.

ÜBUNG

Prüfe deine Wahrnehmung und vollende folgende Sätze spontan mit dem ersten Wort:

Die Welt ist voller ______________________

Meine Arbeit ist ______________________

Das Leben ist ______________________

Menschen sind ______________________

Mein/e Partner/in ist ______________________

Liebe ist ______________________

Ich bin ______________________

Der erste Impuls, den du hast, kommt immer tief aus deinem Unterbewusstsein. Diese kleine »Inventur« hilft dir, deine unbewussten Überzeugungen zu erkennen. Wie sieht die Mehrheit deiner Antworten aus? Positiv oder negativ? Mache dir bewusst, das Leben ist immer für dich und spiegelt dir nur deine Lebenseinstellung wider. Wenn du glauben möchtest, dass du wertlos bist, und wenn du nicht an deine Stärken und Talente glaubst, dann wirst du genau das in deiner Welt wiederfinden. Wenn du jedoch bereit bist, dich von dieser Überzeugung zu lösen und dir selbst gegenüber zu bestätigen, dass »du das Allerbeste verdienst« und dass »du an dich und deine Fähigkeiten glaubst«, und wenn du an dieser neuen Aussage festhältst und sie so oft wie möglich wiederholst, dann wird sie sich bewahrheiten.

Somit nutzt du die Kraft der selbsterfüllenden Prophezeiung für dich. Von der selbsterfüllenden Prophezeiung, »Self fulfilling prophecy«, sprechen wir, wenn Vorstellungen zur Realität werden. Es handelt sich dabei um das Eintreten von Ereignissen, die wir uns vorstellen und von denen wir überzeugt sind, dass sie sich verwirklichen. Es ist die Annahme, dass etwas den Tatsachen entspricht, das in deiner Vorstellung existiert. Die Auswirkungen der Prophezeiungen sind enorm, denn die Erwartungshaltung wird *immer* bestätigt, sodass der Glaube an etwas zur »eigenen« Realität wird. Was der Vorhersagende als wahr annimmt, erfüllt sich, auch wenn er sich irrt und von falschen Tatsachen ausgeht. Er wird also permanent in dem bestätigt, was er glaubt. Das funktioniert im Positiven wie im Negativen gleichermaßen. Ich habe bereits davon geschrieben, dass wir als »wandelnder Sendeturm« durch das Leben gehen und genau das anziehen, was wir ausstrahlen. Deshalb verwende ich in meinen Trainings beim negativen Beispiel gern die Metapher des »Grauen-Maus-Senders«. Die graue Maus schickt mit negativen Gedanken negative Frequenzen aus. Dies erzeugt schlechte Gefühle, die wiederum zu Misserfolg und geringem Selbstwertgefühl führen, und die »graue Maus« wird in ihrem Gefühl bestätigt. Feste Annahmen wie »Diese Prüfung kann ich nicht schaffen« oder »Ich werde diesen Job nicht bekommen«, »Dieses Produkt kann ich nicht erfolgreich verkaufen« werden immer bestätigt. Das ist auch der Grund dafür, warum erfolglose Menschen immer erfolgloser werden und erfolgreiche immer erfolgreicher.

Die Menschen, die den »Diamantensender« eingestellt

haben, werden ebenfalls in ihrem Glaubenssatz bestätigt. Sie schicken positive Gedanken aus, diese erzeugen gute Gefühle, welche wiederum zu konstruktiven Handlungen und Erfolg führen. Durch dieses strahlende Selbstbild werden die Betroffenen ebenfalls in ihrem Selbstbild bestätigt. Hast du zum Beispiel ein bevorstehendes Vorstellungsgespräch und gehst mit der positiven Erwartung zum Termin, dass der Chef begeistert von deinen Fähigkeiten sein wird, wird er mit sehr hoher Wahrscheinlichkeit entsprechend reagieren und du wirst den Job erhalten. Der starke Glaube an sich selbst und andere macht deshalb optimistische Menschen so erfolgreich. Sie sind nicht begabter als Pessimisten, doch sind zu hundert Prozent davon überzeugt, dass sie ihre Ziele erreichen und sich ihre Wünsche erfüllen. Stelle deshalb ab heute den »Diamantensender« ein und habe stets eine positive Erwartungshaltung, so sicherst du dir in allen Lebensbereichen einen Vorsprung.

Beispiel aus der Praxis: In einem meiner Trainings hatte ich einen klassischen Pessimisten sitzen. Er hatte wenig Selbstvertrauen und konnte mir die Vorteile der Mitbewerberprodukte besser aufzählen als die der eigenen Marke. Mit zahlreichen Einwänden wollte er mir beweisen, dass er recht hatte. Ich brauchte sehr viel Energie und Argumente, um ihn von den Vorteilen des eigenen Produktes zu überzeugen. Ich machte ihm bewusst, dass er im Verkaufsgespräch zwei Gegner hatte, sich selbst und den Kunden. Schließlich war er bereit für ein Einzelcoaching und somit bereit, intensiv an seinen negativen Glaubenssätzen und vor allem an seinem Selbstwertgefühl zu arbeiten. Was dann geschah, hat mich selbst überrascht. Innerhalb von nur einem halben Jahr konnte er seinen Umsatz um 30 Prozent steigern und war zu einer extrovertierten, überzeugenden Verkäuferpersönlichkeit geworden. Im Jahr darauf gewann er sogar einen Verkaufswettbewerb und durfte somit die Lorbeeren für seinen Wandel ernten. Auch die Motivationsforschung bestätigt, dass optimistische Verkäufer um 29 Prozent mehr verkaufen als ihre negativ eingestellten Kollegen. Top-Optimisten unter den Vertrieblern sind sogar um 39 Prozent erfolgreicher als die »Jammerer«.

Deine »persönliche« selbsterfüllende Prophezeiung ist der Grund dafür, weshalb du Erfolg hast, aber auch die Erklärung, warum du scheiterst. Dein Glaube und deine Vorstellungskraft sind ein machtvolles Instrument und geben dir die Möglichkeit, *jede* unbefriedigende Situation positiv zu verändern. Wir haben die Macht zu denken, was immer wir wollen, denn wir sind keine Opfer, sondern Schöpfer und wir haben ein sehr machtvolles Instrument geschenkt bekommen – unseren freien Willen. Die Macht des freien Willens heißt aber auch, totale Verantwortung für sein Leben zu übernehmen. Wir sind verantwortlich für alles, was wir denken. Wir sind Herrscher unserer Gedanken und nicht umgekehrt. Für den einen ist dieser Umstand ein Fluch, für den anderen ein großer Segen. Der eine denkt, er kann alles schaffen, der andere denkt, ihm gelingt nie etwas. Alles ist möglich und es ist *deine Entscheidung*. Was immer du denkst, wird zu *deiner Wahrheit*. Wir Menschen sind die intelligentesten Wesen dieses Planeten. Unsere große Freiheit liegt darin, auf einen bestimmten Reiz nicht immer gleich zu reagieren. Wir können uns unsere Reaktionen aussuchen und damit selbst bestimmen, wie wir uns fühlen »wollen«. Deshalb haben wir jeden Tag neuerlich die Wahl, über das Leben, über die Welt, über die anderen und uns selbst zu denken, was immer wir wollen.

© blogsheet.info

Bring dich selbst zum Strahlen

Menschen, die ihren eigenen Wert kennen und ihre Strahlkraft entfaltet haben, empfinden wir als charismatisch. Charisma hat sich mittlerweile zu einem Modewort der Medien entwickelt, deshalb ersetze ich es gern durch »Strahlkraft«. Aber was ist Charisma bzw. diese Strahlkraft nun genau? Laut Lexikon gilt es als göttliche Gnadengabe, Berufung, Überzeugungskraft, besondere Ausstrahlungskraft oder das gewisse Etwas eines Menschen. Das Wort stammt aus der griechischen Mythologie und bedeutet »Aufmerksamkeit auf sich ziehen«, was auf die Göttin Charis, die Göttin der Anmut und der Liebe zurückzuführen ist. Schon im alten Griechenland galten charismatische Menschen als Lieblinge der Götter, die derart Bevorzugte zu außergewöhnlichen Erfolgen befähigten.

Ich hatte erst kürzlich so ein Erlebnis, als ich bei einem Konzert in Salzburg war. Als die bekannte Dirigentin die Bühne betrat, war es plötzlich verdächtig still im Raum. Sie ist nicht außergewöhnlich attraktiv, hat aber ein enormes Charisma. Das Konzert hat mich sehr bewegt und ich konnte während der ganzen Vorstellung meine Blicke nicht von ihr lassen. Ihre Begeisterung und Leidenschaft für die Musik hat sie mit jeder Faser ihres Körpers ausgestrahlt. Sie dirigierte voller Leidenschaft und ihre Ansprache und die Wertschätzung für ihr Orchester in der Pause kamen von Herzen und erreichten die Herzen der Zuhörer. Sie wirkte stark und strahlte Selbstbewusstsein aus, machte jedoch keinen überheblichen Eindruck – im Gegenteil. Dieser Abend war für mich ein magisches Erlebnis.

Charisma ist das, was große Persönlichkeiten ausmacht und andere Menschen in ihren Bann zieht. Man findet solche Menschen häufig auf den Bühnen des Lebens, im TV und im Kino, in Wirtschaft und Politik sowie in Führungspositionen. Sie schaffen es, allein durch ihre Ausstrahlung andere zu verzaubern. Dennoch lässt sich Charisma kaum greifen oder beschreiben. Es ist etwas Besonderes, fast schon Magisches, was charismatische Personen ausmacht. Sie leben selbstbestimmt nach ihren eigenen Prinzipien und vertreten diese auch überzeugend und glaubwürdig nach außen, das macht diese Menschen so faszinierend. Persönlichkeiten wie der Dalai Lama oder Mutter Teresa verdanken ihre fast schon magische Wirkung und Bewunderung ihrer inneren Haltung und der warmherzigen und empathischen Gesinnung. Menschen wie Steve Jobs und Martin Luther King zum Beispiel prägen große Visionen, von denen sie zutiefst überzeugt sind. Solche Persönlichkeiten und Visionäre motivieren ihr Umfeld und spornen zu Höchstleistungen an. Doch wie schaffen *wir* es, Menschen in unserem Umfeld mit unserer Strahlkraft zu verzaubern? Das Wichtigste: Achte und wertschätze dich selbst und bleibe authentisch.

Ausstrahlung und Charisma entstehen ganz natürlich, wenn du dich so wertschätzt und annimmst, wie du bist. Dazu ist es wichtig, dass du deine einzigartigen Talente und Fähigkeiten erkennst, aber auch zu Schwächen stehst und somit die Essenz deiner gesamten Persönlichkeit lebst. Wage zu sein, wer du wirklich bist, denn wahres echtes Strahlen kommt von innen und nicht von außen. Erkenne deine wahre Größe an und mache dich nicht klein – höre vor allem auf, dich mit anderen zu vergleichen. Führe dir heute einmal vor Augen, was du auf deinem Lebensweg schon alles erreicht hast, und sammle deine Sterntaler ein. Du meisterst dein Leben großartig und hast Erfolg und Würdigung verdient. Und vor allem, lass dir dein Strahlen nicht nehmen, nur weil es andere blendet. Oftmals haben wir auch nur Angst vor unserer eigenen Größe, was der folgende Text von Marianne Williamson aus ihrem Buch »Rückkehr zur Liebe«[11] sehr schön zum Ausdruck bringt:

»In uns allen ist verankert, dass egoistisch ist,
wer sich zuerst um sein eigenes Glück kümmert.
Es fällt uns leichter, uns klein zu reden,
als stolz auf uns zu sein.
Lieber hinterfragen wir unser Glück und
zweifeln am eigenen Erfolg, als uns zu fragen,
warum wir uns selbst im Weg stehen.
Anders als man vielleicht denken könnte,
tut man der Gesellschaft selten einen Gefallen,
wenn man sein Potenzial,

aus Selbstzweifeln nicht ausschöpft.
Es ist nicht ehrenvoll, sich selbst zurückzunehmen,
damit sich das eigene Umfeld nicht klein fühlt.
Du darfst dich in deiner vollen Größe zeigen,
denn das ist unsere Bestimmung.
Und diese Größe ist in jedem Menschen.
Wenn wir es uns selbst erlauben,
in unserem eigenen Licht zu strahlen,
werden wir somit zum Vorbild für unser Mitmenschen.
Nur wer sich zuerst um sich selbst kümmert und
sich von Ängsten und Zweifeln befreit,
wird zum leuchtenden Vorbild.
Man muss sich diese Freiheit zuerst selbst erlauben,
bevor man anderen dazu verhelfen kann.«

Selbstliebe wird häufig mit Egoismus und Selbstsucht verwechselt. Genau das Gegenteil ist der Fall. Menschen, die sich selbst lieben und wertschätzen, sind ein Geschenk für ihr Umfeld. Denn sie übernehmen die Verantwortung für ihr Lebensglück selbst und hören auf, es von anderen zu erwarten. Somit entlasten sie ihr Umfeld und jede Begegnung mit so einem Menschen wird zur Bereicherung. Gönne es dir innezuhalten, um dieses Geschenk der Einzigartigkeit nicht nur in dir selbst, sondern auch in den vielen wertvollen Mitmenschen um dich herum zu erkennen und auszudrücken.

Wer selbstzentriert lebt und dafür sorgt, dass es ihm physisch, emotional, mental und spirituell gut geht, der ist auch ein Segen für alle anderen. Diese Haltung ist also gerade das Gegenteil von Egoismus; sie ist ein Ausdruck von Selbstliebe und Wertschätzung. Lasse alle Zweifel los, die dich daran hindern, für deine Interessen einzutreten. Gehe sehr sorgsam mit dir um und lasse zu, dass andere dich genauso behandeln. Kümmere dich um dich selbst, so wie du es für andere tun würdest. Mach es dir gemütlich in deinem

Leben und lass es dir so richtig gut gehen und umgib dich mit schönen Dingen, die dir Kraft schenken. Triff dich mit Menschen, die dich schätzen, und lass die Menschen weiterziehen, die dir nicht guttun. So löst du die Abhängigkeiten und Erwartungen. Durch Selbstbestimmung und Unabhängigkeit schaffst du ein neues Resonanzfeld für glückliche Erfahrungen. Je mehr du dich selbst wertschätzt, desto weniger bist du von den Meinungen anderer Menschen und vom Mainstream abhängig und desto höher wird deine Leistung honoriert. Mit deiner natürlichen Strahlkraft ziehst du die richtigen Menschen in dein Umfeld.

Wenn ich mich in meinen Seminaren und Coachings mit Menschen über ihren persönlichen Sinn, ihre Lebensaufgabe und ihre Entfaltung austausche, höre ich oft den Satz: »Was habe ich denn schon zu geben?« Die meisten blicken dann auf Menschen, die Großes vollbringen oder in der Öffentlichkeit stehen und die die Welt verändern, und fühlen sich daneben unwichtig und klein. Doch die Größe des Lichtes, mit dem du strahlst, spielt dabei keine Rolle, es geht einzig darum, dass du in deinem Licht leuchtest.

Eines jener Bücher, die mich sehr berührt haben, ist das Buch von Bronnie Ware »Die fünf Dinge, die Sterbende am meisten bereuen«[12]. Sie schreibt über ihre Erfahrung als Sterbebegleiterin und über ihre Dialoge mit den Sterbenden kurz vor ihrem Tod. Es sind folgende Dinge, die im Sterben liegende Menschen am meisten bedauern:

- Ich wünschte, ich hätte den Mut gehabt, mein eigenes Leben zu leben.
- Ich wünschte, ich hätte nicht so viel gearbeitet.
- Ich wünschte, ich hätte den Mut gehabt, meine Gefühle auszudrücken.
- Ich wünschte, ich hätte den Kontakt zu meinen Freunden aufrechterhalten.
- Ich wünschte, ich hätte mir erlaubt, glücklicher zu sein.

Ich finde, diese Aussagen sind ein großes Geschenk von Sterbenden an die Lebenden, denn sie erinnern uns daran, worum es im Leben wirklich geht. Folgende Übung kann dir dabei helfen, deine eigenen Prioritäten zu erkennen.

ÜBUNG

Stelle dir in diesem Zusammenhang folgende Fragen:

1. Was sind die drei wichtigsten Prioritäten in meinem Leben?

___

___

___

2. Wie kann ich diese Schritt für Schritt umsetzen?

___

___

___

3. Wo halte ich noch an der Vergangenheit und an alten Mustern fest?

___

___

___

4. Wer oder was hindert mich, meinen eigenen Weg zu gehen?

____

____

____

Denn am Ende zählt, ob dir ein Leben nach deinen Vorstellungen gelungen ist oder ob du »nur« funktioniert hast. Hast du deine Werte gelebt und dich und das Leben gefeiert? Hast du den Weg von der »Opferrolle« in die »Schöpferrolle« beziehungsweise in die Eigenmacht geschafft?

»Plagiatfrei« leben – orientiere dich nach innen, nicht am Außen

Das Leben vieler Menschen ist in der Rushhour des Alltags von dem Gefühl geprägt: Was auch immer ich tue, es ist nicht genug. Wie in einem einsamen Hamsterrad ziehen sie ihre Runden, aber ein Gefühl der Zufriedenheit stellt sich nicht ein. Allerorts und jederzeit wartet Arbeit auf sie, der Stapel auf dem Schreibtisch ist noch zu groß, das Lebensmotto lautet: »Ich bin nur liebenswert, wenn ich etwas leiste!« Wir leben in einer Gesellschaft, die uns permanent zu bestimmten Zielen drängt und uns mit Standards, Normen und Kategorien konfrontiert. Du solltest die Vorstellung loslassen, perfekt sein zu müssen, denn du bist schon perfekt, so wie du bist, und du musst gar nichts dafür tun.

Natürlich ist es wichtig, dass wir unser Bestes geben,

und es spricht für uns, wenn wir unsere Aufgaben zuverlässig, kompetent und bestmöglich erledigen und uns nicht mit Mittelmäßigkeit zufriedengeben. Perfektionismus und Leistungsdruck sind jedoch ungesund, wenn wir unser Selbstwertgefühl und unsere Selbstachtung vom Erfolg abhängig machen. Die Frage ist hier: Welcher Antrieb steckt dahinter? Im Grunde steckt hinter dem Perfektionismus nämlich nicht die Freude daran, etwas so gut wie möglich zu machen, sondern die Angst davor, kritisiert und abgelehnt zu werden. Perfektionisten machen sich vorrangig Gedanken über die Außenwirkung ihrer Leistung. Sie hoffen, dafür Bewunderung und Anerkennung zu bekommen, und sie gehen dafür oftmals bis an ihre Leistungsgrenze. Perfektionismus ist eine meist tief in der Lebensgeschichte verwurzelte Grundhaltung. Man trifft sie oft bei Menschen, die als Kind schon früh die Erfahrung gemacht haben: »Ich werde für das geliebt, was ich leiste, nicht für das, was ich bin.« Oder: »Nur wenn ich Klassenbeste bin und Klassensprecher, im Sport den ersten Preis gewinne, dann beachten und loben mich meine Eltern.« Dieser tief verinnerlichte Leistungsdruck ist oft schwer wieder loszuwerden. Im Hinterkopf lauert immer die Angst davor, nicht gut genug zu sein. »Wer oder was bin ich denn noch, wenn ich nicht perfekt bin, wenn ich nicht überall die Beste oder der Beste bin?« »Bin ich dann überhaupt noch liebenswert?« Und wie so oft geht es bei dieser Entwicklungsaufgabe letztendlich darum, einen wertschätzenden und liebevollen Umgang mit sich selbst zu pflegen, eigene Werte zu definieren und sich nicht permanent mit anderen zu vergleichen. Gerade Frauen sind prädestiniert dafür, neunzig Prozent der Dinge, die sie gut machen, als selbstverständlich zu sehen und sich für die restlichen zehn Prozent, die sie nicht perfekt machen, zu kritisieren. Das Leben ist nicht perfekt und seien wir doch ehrlich: Wir mögen auch keine perfekten Menschen. Sich Fehler einzugestehen und seine Schwächen anzuerkennen sehe ich mittlerweile als große Stärke.

Und gerade in der aktuellen Zeitqualität sind wir Frauen mehr denn je aufgefordert, unsere wahren weiblichen Kräfte zu leben und auf die Ausgeglichenheit zwischen männlicher und weiblicher Energie zu achten. Das betrifft natürlich auch die Männer, denn das universelle Gesetz der Polarität besagt, dass alles im Leben immer zwei Seiten hat. Es gibt Tag und Nacht, Gesundheit und Krankheit, die Dunkelheit und das Licht, Innen und Außen und eben auch das Weibliche und das Männliche. Jeder Mensch – sowohl Mann als auch Frau – hat männliche und weibliche Eigenschaften. Wir alle haben – ganz unabhängig von unserem Geschlecht – Yin und Yang in uns. Anhand der folgenden Eigenschaften kannst du feststellen, ob du eher das männliche oder weibliche Prinzip lebst. Letztendlich geht es um eine Ausgewogenheit beider Pole, denn es sollten auch weibliche Eigenschaften von Männern und männliche Eigenschaften von Frauen anerkannt werden.

Männliches, aktivierendes Prinzip	Weibliches, annehmendes Prinzip
Verstand	Intuition
Kopf	Herz
Kontrolle	Hingabe
machen	empfangen
tun	nichts tun
geben	nehmen
festhalten	loslassen
ablehnen	annehmen
Anspannung	Entspannung
verurteilen	vergeben
erobern	integrieren
stark sein	schwach sein

Macht	Hingabe
kämpfen	lieben
entscheiden	geschehen lassen
analysieren	betrachten
Ungeduld	Geduld
Außen	Innen

Schön bist du von innen nach außen und nicht umgekehrt

Unser Perfektionismus bezieht sich meist nicht nur auf unsere Leistung, sondern auch auf unseren Körper beziehungsweise auf unser äußeres Erscheinungsbild. Wir glauben, dass wir dem perfekten Ideal des Modells auf der Plakatwand entsprechen müssen, wir fühlen uns schlecht und lehnen alles an uns ab, was nicht diesem perfekten Idealbild entspricht. In jedem Hochglanzmagazin wird uns eine noch effizientere Diät vorgeschlagen und der Glaubenssatz, der sich somit tief in uns verankert, lautet: »Du solltest noch schlanker, fitter und jugendlicher aussehen«. Unsere »Scheinwelt« im Außen gibt uns sozusagen vor, wie wir auszusehen haben. Hier erlebte ich kürzlich etwas sehr Bewegendes mit einer Seminarteilnehmerin. In einer Übung aus meinem Selbstwertprogramm empfehle ich den Teilnehmern, sich regelmäßig den Satz »Ich liebe mich, so wie ich bin« vor dem Spiegel zu sagen. Bei der Übung für Fortgeschrittene empfehle ich, sich nackt vor den Spiegel zu stellen und sich diesen Satz zu sagen. Die Teilnehmerin schrieb mir in einem Mail, dass sie die Übung so nicht durchführen könne, sie hätte das Gefühl, dass sie am liebsten den Spiegel einschlagen möchte. Dieses Beispiel sollte uns zum Nachdenken anregen, was Selbstablehnung und selbstzerstörerische Gedanken mit uns machen beziehungsweise in uns auslösen können. Daraufhin haben wir die Affirmation auf »Von Tag zu Tag liebe ich mich mehr« umgewandelt. Diese konnte ihr Unterbewusstsein annehmen und bereits nach einem Monat gelang es ihr, den Satz »Ich akzeptiere mich, so wie ich bin« auszusprechen.

Frauen blicken im Schnitt zwischen 43- und 71-mal pro Tag in den Spiegel. Die Professorin für Soziologie an der University of Nevada, Dr. Kjerstin Gruys, führte in diesem Zusammenhang ein Selbstexperiment durch. Sie verbannte für den Zeitraum von einem Jahr den Spiegel aus ihrem Leben und lernte, sich von innen schön zu fühlen. Dadurch entwickelte sie einen viel stabileren »Körperselbstwert«. Unsere Welt ist voller Spiegelbilder. Solltest du zu jener Gruppe gehören, die immer kritische und verurteilende Gedanken gegenüber sich selbst hegt, dann empfehle ich dir ebenfalls, deine Spiegel so lange aus deinem Leben zu verbannen, bis dir deine Selbstannahme gelingt und du dir mit wertschätzenden Komplimenten begegnen kannst und dich bedingungslos so annimmst und liebst, wie du bist. Übe dich im ganzheitlichen, liebevollen Blick. Das gilt nicht nur für den Umgang mit dir selbst, sondern auch mit anderen Menschen. Der ganzheitliche Blick sieht durch die Hülle des Menschen hindurch, er richtet sich auf den wahren, echten Wesenskern und auf die Einzigartigkeit jedes Einzelnen.

Wenn du die Stimme des Perfektionismus wieder mal in dir wahrnimmst und du in Gedanken an dir selbst oder an deiner Leistung herumnörgelst oder Zweifel dich quälen, dann stelle dir vor, du könntest diese Stimme liebevoll umarmen und zu ihr sagen: »Danke, dass du mir helfen möchtest! Aber ich möchte jetzt lieber nicht so streng mit mir sein, sondern genießen, was ich tue!« Der Grund dafür liegt in diesem Satz:

Schön bist du von innen nach außen und nicht umgekehrt!

Zu diesem Thema finde ich die Gedanken von Audrey Hepburn sehr passend, welche ich mit meinen eigenen Worten und Gedanken ergänzt habe: Die wahre Schönheit eines Menschen sieht man in seinen strahlenden Augen, denn sie sind die Tür zu seiner Seele. Um attraktive Lippen zu haben, sprich wertschätzende Worte, um eine schöne Körperhaltung zu haben, richte dich auf und vergiss nicht, wer du bist, denn Gott möchte, dass du dich groß machst und nicht klein. Wahre Schönheit kommt von *innen* und entsteht aus einer liebevollen und wertschätzenden Haltung dir selbst gegenüber und einer leidenschaftlichen Einstellung zum Leben. Höre deshalb auf, dich mit anderen zu vergleichen, und versuche nicht einem utopischen Schönheitsideal hinterherzujagen, denn du bist schön, genauso wie du bist. Mache dir das jeden Tag aufs Neue bewusst.

IMPULSE für deinen starken Selbstwert

Je mehr du an deinen Selbstwert glaubst, desto mehr inspirierst du auch andere, an sich zu glauben!

Du musst es nicht tun, nur weil es alle tun.

Lass es sein, allen Menschen gefallen zu wollen.

Sei stolz auf dich und alles, was du bisher geleistet hast.

Bleibe immer im Vertrauen – es wird das passieren, was passieren soll.

Geh **deinen** Weg in **deinem** Tempo!

Entscheide dich für die Liebe und nicht für die Angst!

Sei dankbar für den Augenblick!

Suche stets das Gute in deinen Mitmenschen!
Vergiss nie: Du bist ein Geschenk für diese Welt.
Umgib dich mit Menschen, die dich **wert**-schätzen und das Beste in dir sehen!
Du musst nicht perfekt sein, steh zu deinen Ecken und Kanten, denn sie machen dich aus.
Feiere dich und dein Leben und bring dich selbst zum Strahlen!

Ein großes Danke

Einer der wichtigsten Bausteine für ein glückliches Leben ist die Dankbarkeit. Und so möchte auch ich zum Abschluss meines Buches ein großes *Danke* aussprechen.

Ich danke all meinen treuen Kunden und Seminarteilnehmern für das Vertrauen in meine Arbeit. Die wertvollen Feedbacks und Erfolge bestätigen mich, am richtigen Weg zu sein. Ich bleibe dran – versprochen.

Ich danke all den Lehrerinnen, Lehrern und Mentoren meines Lebens, die mich erkannt, gefördert und begleitet haben und immer das Beste in mir sahen. Ihr habt mein Leben auf bedeutsame Weise geprägt.

Ich danke meiner Familie, insbesondere meiner Schwester Rosi – unsere Verbindung ist für mich etwas ganz Besonderes und eine Säule in meinem Leben. Jeder Besuch bei dir fühlt sich wie »Heimkommen« an. Am Familienleben meiner Nichten als Tante und Patentante teilhaben zu dürfen, empfinde ich als großes Geschenk.

Was wäre das Leben ohne meine Freunde – ihr macht mein Leben lebenswert. Jeden Einzelnen von euch zu nennen, würde hier den Rahmen sprengen. Doch jeder von euch weiß, wer gemeint ist. Ihr habt einen festen Platz in meinem Herzen. Danke, dass ihr mein Leben so bereichert.

Nach dem Erfolg meines ersten Buches »Weil ich alles sein kann, was ich will«, durfte ich auch dieses Buch mit dem Verlag meines Vertrauens umsetzen. Ein großes Dankeschön an das Team vom Goldegg-Verlag. Allen voran meinen Lektorinnen Anna Sulik und Ulrike Moshammer. Danke an Sandra Eder – du gibst mit deiner professionellen Unterstützung meinen Texten den nötigen Feinschliff.

Danke an dich, liebe Leserin, lieber Leser, dass du dieses Buch gelesen hast und ich dich auf deiner Reise begleiten durfte. Du hast erkannt, wie einzigartig und wertvoll du bist und welches Potenzial in dir steckt. Du hattest den Mut, dich darauf einzulassen und hast dir viele Fragen der Selbstreflexion gestellt – ich danke dir für dein Vertrauen. Es erfüllt mich mit Glück und Stolz, so viele Menschen dabei unterstützen zu können, ihren Selbstwert und ihre mentale Stärke aufzubauen, um ihr volles Potenzial zu leben. In dieser wertvollen Arbeit mit Menschen sehe ich meine Berufung, meine Lebensaufgabe und dafür bin ich sehr dankbar. Ich würde mich sehr freuen, dich bei einem meiner Vorträge oder Seminare persönlich kennenzulernen.

Herzlichst,
Gabriele Wimmler

Literaturnachweis

Asgodom, Sabine: Eigenlob stimmt, Econ Verlag, 2003
Betz, Robert: Dein Weg zur Selbstliebe, GU-Verlag, 2018
Betz, Robert: Wahre Liebe lässt frei!, Integral-Verlag, 2013
Betz, Robert: Willkommen im Reich der Fülle, Heyne-Verlag, 2015
Birkenbihl, Vera F.: Stroh im Kopf?, mvg-Verlag, 2018
Bischoff, Christian: Selbstvertrauen, Ariston-Verlag, 2014
Chopra, Deepak: Die sieben geistigen Gesetze des Erfolgs, Ullstein Verlag, 2004
Clear, James: Die 1%-Methode, Goldmann-Verlag, Mai 2020
Corssen, Jens; Ehrenschwendner, Stephanie: Das Corssen-Prinzip, Arkana-Verlag, 2016
De Saint-Exupéry, Antoine: Der kleine Prinz, Loewe-Verlag, 2007
Dispenza, Joe: Du bist das Placebo, Koha-Verlag, 2015
Dispenza, Joe: Ein neues Ich, Koha-Verlag, 2016
Dispenza, Joe: Werde übernatürlich, Koha-Verlag, 2018
Dutton, Kevin: Gehirnflüsterer, dtv-Verlag, 2012
Egli, René: Das LOLA-Prinzip, Editions d'Olt, 1994
Franckh, Pierre: Das Gesetz der Resonanz, Koha-Verlag, 2014
Feirer, Christina: Likest du noch oder lebst du schon?, Verlag Kremayr&Scheriau, 2021
Fleisch, Sabrina: Meine Reise zu mir, Remote-Verlag, 2021
Grabhorn, Lynn: Aufwachen, dein Leben wartet, Goldmann-Verlag, 2004
Grössing, Dietmar: Finde deine Bestimmung, Erfolgs-, Lebensfreude- und Ideenjournal, 2008
Hartmann, Alexander: Mit dem Elefant durch die Wand, Ariston-Verlag, 2015
Hay, Louise: Finde deine Lebenskraft, Allegria, 2016
Lindau, Veit: Heirate dich selbst, Kailash-Verlag, 2013
Lipton, Bruce H.: Intelligente Zellen, Koha-Verlag, 2011

Malik, Fredmund: Führen, Leisten, Leben, Campus-Verlag, 2007
Proctor, Bob: Erkenne den Reichtum in dir, Life Succes Media GmbH, 2018
Roland, Catharina: Awake, Trinity-Verlag, 2012
Scheuermann, Ulrike: Selfcare – Du bist wertvoll, Knaur-Verlag, 2019
Stahl, Stefanie: Das Kind in Dir muss Heimat finden, Kailash-Verlag, 2015
Spitzer, Manfred: Digitale Demenz, Droemer-Verlag, 2012
Starkmuth, Jörg: Die Entstehung der Realität, Warlich Druck Meckenheim GmbH, 2010
Stone, Maryan: Energie-Vampire, Heyne-Verlag, 2011
Thich, Nhat Hanh: Versöhnung mit dem inneren Kind, O.W.Barth
Tepperwein, Kurt: Die geistigen Gesetze, Goldmann-Verlag, 1992
Tepperwein, Kurt: Kraftquelle Mentaltraining, Integral-Verlag, 2014
Tolle, Eckhart: Leben im Jetzt, Arkana-Verlag, 2002
Tracy, Brian: Thinking Big, Gabal-Verlag, 2018
Walsch, Neal Donald: Gespräche mit Gott, Goldmann-Verlag, 2006
Wlodarek, Eva: Die Kraft der Wertschätzung, dtv-Verlag, 2019
Yilmaz, Bahar: Du wurdest in die Sterne geschrieben, Integral-Verlag, 2019

https://www.rtl.de/cms/egoismus-was-steckt-hinter-der-extremen-ich-bezogenheit-4114728.html
https://utopia.de/ratgeber/selbstoptimierungswahn-hoert-auf-euch-selbst-zu-optimieren/
https://www.br.de/wissen/glueck-gluecksforschung-gluecklich
https://karrierebibel.de/selbstwirksamkeit/
https://www.einfachganzleben.de/meditation-achtsamkeit/selbsttest-maennliche-und-weibliche-energie
https://ecole-commercer.com/IMG/pdf/80_years_study_hapiness_harvard.pdf

Quellen

1 Lipton, Bruce H.: Intelligente Zellen, Koha-Verlag, 2011
2 Betz, Robert: Dein Weg zur Selbstliebe, GU-Verlag, 2018
3 De Saint-Exupéry, Antoine: Der kleine Prinz, Loewe-Verlag, 2007
4 Rosenthal, R. & Jacobson, L.: Pygmalion in the classroom, Holt, Rinehart & Winston, 1968
5 Malik, Fredmund: Führen, Leisten, Leben, DVA-Verlag, 2000
6 https://www.undergroundbooks.net/pages/books/8418/pauline-rose-clance/the-impostor-phenomenon-overcoming-the-fear-that-haunts-your-success-first-edition
7 https://www.smartinsights.com/social-media-marketing/social-media-strategy/new-global-social-media-research/
8 https://www.research.manchester.ac.uk/portal/en/publications/the-online-brain-how-is-the-internet-changing-cognition
9 Betz, Robert: Dein Weg zur Selbstliebe, GU-Verlag, 2016
10 https://seniorityauthority.org/ep-1-keys-to-a-long-and-happy-life-lessons-from-harvards-80-year-study-with-dr-robert-waldinger/
11 Williamson, Marianne: Rückkehr zur Liebe, Goldmann-Verlag, 2016
12 Ware, Bronnie: Die fünf Dinge, die Sterbende am meisten bereuen, Goldmann-Verlag, 2017

Gabriele Wimmler

SPEAKERIN, TRAINERIN, COACH, AUTORIN

Menschen motivieren & begeistern

Der beste Weg, jemanden für eine Idee oder ein Projekt zu gewinnen, ist die eigene Begeisterung. Genau diese Begeisterung weckt Gabriele Wimmler in jedem Zuhörer. Als Expertin im Bereich Motivation und Erfolg gibt die langjährige Referentin und Mentaltrainerin ihre Erfahrung und ihr Wissen an Unternehmen weiter. Ihren Karriereweg startete sie als Marketingleiterin eines namhaften Pharma-Konzerns sowie als Trainerin eines internationalen Schweizer Konzerns. Die gefragte charismatische Rednerin besitzt ein ausgeprägtes Talent Menschen zu berühren und zu begeistern. Sie bewegt Menschen dazu, sich ihrer Einzigartigkeit bewusst zu werden – damit schafft sie die Basis für neue Erfolgswege. Mit einem Feuerwerk an Impulsen, fundiertem Wissen und einprägsamen Beispielen aus ihrer erfolgreichen Marketing- und Vertriebstätigkeit zieht sie ihre Zuhörer in ihren Bann. Begeisterung vorprogrammiert.

Vortrags-Themen

✚ PERSÖNLICHKEIT VERKAUFT.

Mit mentaler Stärke und Selbstbewusstsein punkten.

- Wie Sie mentale Stärke aufbauen und mit Leichtigkeit Ihr Bestes geben
- Wie die innere Haltung Ihre Ausstrahlung und Ihre Realität bestimmt
- Wie Sie die Wirkung von negativen Glaubenssätzen erkennen und wie Sie diese verwandeln
- Wie Sie die eigene Begeisterung und die Ihres Umfeldes wecken

✚ ERFOLGSFAKTOR WERTE.

Wertschöpfung durch Wertschätzung.

- Wie Sie in den Zeiten des Wandels neue Werte entwickeln und vermitteln
- Wie Sie einfach und wirkungsvoll Leistungslust messbar steigern
- Wie Sie mit Vertrauen, Wertschätzung und Herzenswärme Menschen für sich gewinnen

✚ MOTIVIERTER BERUFSALLTAG.

Erfolgsregeln für einen kraftvollen, motivierten Berufsalltag

- Vom Rohdiamanten zum Brillanten: Wie Sie sich Ihrer Einzigartigkeit bewusst werden und diese leben
- Innere Stabilität gewinnen: Was Ihnen in bewegten Zeiten Halt gibt und Sie stark macht
- Weg vom Mittelmaß: Wie Sie Ihr Mindset auf Erfolg programmieren und sich auf Ihre Ziele fokussieren

Gabriele Wimmler

Weil ich alles sein kann, was ich will

Der Schlüssel zu mehr Selbstvertrauen, Lebensfreude und Erfolg

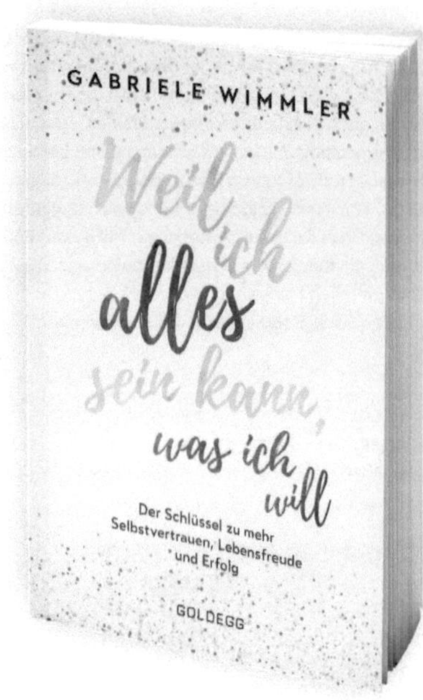

Selbstvertrauen wird niemandem in die Wiege gelegt. Wir können es aber aufbauen und stärken, wenn wir nur wissen, wie. Die Vergangenheit, mit der viele sich nicht ausgesöhnt haben, beeinflusst uns ebenso wie antrainierte Einschränkungen.

Die bekannte Persönlichkeitstrainerin Gabriele Wimmler beleuchtet auf einfühlsame Weise, wie Sie sich zu einer strahlenden Persönlichkeit entwickeln, von negativen Gedanken verabschieden und mutig in ein erfülltes Leben starten.

Zutaten zu diesem neuen Lebensrezept sind ein origineller Cocktail aus Leidenschaft, Wertschätzung, intelligentem Selbstbewusstsein, Gelassenheit, Mut und Versöhnung mit sich selbst. Sie sind garniert mit lockeren Übungen und wertvollen, sehr persönlichen Erfahrungen der Autorin.

Preis: € 19,95

Softcover, 200 Seiten
Format: 13,5 x 21,5 cm
ISBN: 978-3-99060-170-9

Bestellen Sie unter **+43 (0) 1 505 43 76-30** oder unter **verlag@goldegg-verlag.com**